essentials

Essentials liefern aktuelles Wissen in konzentrierter Form. Die Essenz dessen, worauf es als „State-of-the-Art" in der gegenwärtigen Fachdiskussion oder in der Praxis ankommt. *Essentials* informieren schnell, unkompliziert und verständlich

- als Einführung in ein aktuelles Thema aus Ihrem Fachgebiet
- als Einstieg in ein für Sie noch unbekanntes Themenfeld
- als Einblick, um zum Thema mitreden zu können

Die Bücher in elektronischer und gedruckter Form bringen das Fachwissen von Springerautor*innen kompakt zur Darstellung. Sie sind besonders für die Nutzung als eBook auf Tablet-PCs, eBook-Readern und Smartphones geeignet. *Essentials* sind Wissensbausteine aus den Wirtschafts-, Sozial- und Geisteswissenschaften, aus Technik und Naturwissenschaften sowie aus Medizin, Psychologie und Gesundheitsberufen. Von renommierten Autor*innen aller Springer-Verlagsmarken.

Oliver Bendel

Tier-Maschine-Interaktion

 Springer Gabler

Oliver Bendel ⓘD
Institut für Wirtschaftsinformatik
Hochschule für Wirtschaft FHNW
Windisch, Schweiz

ISSN 2197-6708   ISSN 2197-6716 (electronic)
essentials
ISBN 978-3-658-50920-0   ISBN 978-3-658-50921-7 (eBook)
https://doi.org/10.1007/978-3-658-50921-7

Die Deutsche Nationalbibliothek verzeichnet diese Publikation in der Deutschen Nationalbibliografie; detaillierte bibliografische Daten sind im Internet über https://portal.dnb.de abrufbar.

Springer Gabler ist ein Imprint der eingetragenen Gesellschaft Springer Fachmedien Wiesbaden GmbH und ist ein Teil von Springer Nature.
Die Anschrift der Gesellschaft ist: Abraham-Lincoln-Str. 46, 65189 Wiesbaden, Germany

Was Sie in diesem *essential* finden können

- Dieses Essential gibt eine kompakte Einführung in die Disziplin bzw. das Forschungs- und Anwendungsfeld der Tier-Maschine-Interaktion (TMI).
- Es zeigt, wie Tiere und Maschinen in unterschiedlichen Kontexten zusammentreffen und miteinander bestehen, welche Chancen und Risiken sich daraus ergeben und welche Perspektiven sich für Wissenschaft, Wirtschaft und Politik eröffnen.
- Ziel ist es, die Leser für die Potenziale und Herausforderungen der Tier-Maschine-Interaktion zu sensibilisieren, Orientierung im interdisziplinären Diskurs zu geben und Anregungen für Forschung, Entwicklung und Entscheidungsprozesse zu liefern.

Vorwort

In meinem Studium der Philosophie an der Universität Konstanz, begonnen im Jahre 1987 neben dem der Linguistik, faszinierten mich zwei Bereiche besonders, die Philosophie der Physik und die Philosophie der Biologie. Die Biologie war auf dem Gymnasium mein Leistungskurs gewesen, neben Deutsch. In Erinnerung geblieben ist mir meine Weigerung, Stabheuschrecken zu sezieren.

In der Philosophie der Biologie ging es u. a. um das Artensterben und die Tierethik. Bei Professor Gereon Wolters lasen wir „Ende der biologischen Vielfalt?" von E. O. Wilson und „Das Tier in der Moral" von Ursula Wolf. Auch die Werke von Dieter Birnbacher und Peter Singer wurden herangezogen. Ich hielt mich bereits seit ein paar Jahren für einen Tierrechtler und erhielt endlich ein solides Fundament.

Gereon Wolters war es persönlich, der mit uns eines Tages einen Ausflug über die Schweizer Grenze unternahm. Wir angehenden Philosophen durften einen Stall besichtigen, in dem sich die Tiere bewegen konnten. Das war damals neu, und wir fanden es gut, soweit wir einen Stall gut finden konnten. Am meisten hat mich beeindruckt, dass man als Philosoph etwas vor Ort in Augenschein nahm.

Die Zeit verging wie im Fluge. Linguistik hatte ich längst durch Germanistik ausgetauscht. Nach dem Abschluss absolvierte ich in den 1990ern ein zweites Studium, das der Informationswissenschaft, mitsamt Informationsethik, und promovierte an der Universität St. Gallen in der Wirtschaftsinformatik. Ich wandte mich mehr und mehr der Technik zu, ohne die Liebe zur Philosophie und zur Sprache zu verlieren. Ab 2007 reüssierte ich erst einmal als Handyromanautor. Ab 2009 experimentierte ich mit QR-Codes, die Haikus enthielten.

Auch wissenschaftlich beschäftigte ich mich – inzwischen als Professor an der Hochschule für Wirtschaft FHNW – mit digitaler Literatur, aus Sicht der Wirtschaftsinformatik und der Informationsethik. 2011 erschien „Animal-computer interaction: A manifesto" von Clara Mancini. Ich wusste sofort, dass ich in diesem Bereich forschen wollte. Im selben Jahr war „Machine Ethics" von Susan L. Anderson und Michael Anderson herausgekommen. Als einer der ersten in Europa wandte ich mich der Maschinenethik zu.

Ich interessierte mich für Maschinen, die mit Tieren zusammentreffen, vor allem für tierfreundliche Maschinen, die ich im Kontext der Maschinenethik zu entwickeln begann. Ich verwendete den Begriff der Tier-Maschine-Interaktion und prägte ihn in den folgenden Jahren mit. Ich lud Susan und Michael 2019 zum Berliner Kolloquium zu Robotern in der Pflege ein, wo wir auch über mein Moralmenü sprachen, und traf Clara 2022 in Newcastle upon Tyne und 2024 in Glasgow, im Rahmen ihrer Konferenz Animal-Computer Interaction.

2025 war die Zeit reif. Es gab immer mehr Maschinen und Roboter, die Tieren begegneten, und immer mehr Herausforderungen in diesem Bereich. Es sollte nach zahlreichen Posts und Papers zum Thema endlich ein grundlegender, längerer Text entstehen. Meine Lektorin Claudia Rosenbaum war offen für das Projekt und nahm es bei Springer Gabler auf. Meine Kollegin Clara Mancini sah eine wichtige Passage durch, meine Partnerin Stefanie Hauske das gesamte Werk. Ihnen allen gebührt mein Dank. Und nun wünsche ich viel Freude beim Stöbern und Lesen.

Zürich, Schweiz   Oliver Bendel
30. November 2025

Inhaltsverzeichnis

Einführung 1

Die Tier-Maschine-Interaktion (TMI) befasst sich mit dem Aufeinandertreffen und dem Miteinander von Tieren und Maschinen, von klassischen Apparaten über Fahr- und Flugzeuge sowie Landwirtschaftsmaschinen bis hin zu ferngesteuerten, teilautonomen oder autonomen Robotern mit KI-Systemen („KI" steht für „künstliche Intelligenz" als Gegenstand und „Künstliche Intelligenz" als Disziplin). Es geht darum, Interaktion und Kommunikation zu beschreiben und zu verstehen und die Maschinen so einzusetzen und zu gestalten, dass die Tiere davon einen Nutzen haben und ihre Interessen gewahrt sind. Dabei sind technische, organisatorische und ethische Aspekte zu bedenken.

Die TMI hat mehrere Bezugspunkte. Erstens treffen in Haushalt, Garten, Landwirtschaft, Ballungsgebieten und Kulturlandschaften immer häufiger Maschinen auf Tiere – teils geplant (Melkroboter), teils ungeplant oder zufällig (Fahrzeuge, Transportroboter, Mähdrescher, Drohnen). Dabei müssen beide Seiten berücksichtigt werden. Zweitens eröffnet Technik neue Möglichkeiten der Überwachung, des Schutzes und der Unterstützung, in Form passiver Systeme (z. B. Wildtierkameras), aktiver Systeme (z. B. igel- bzw. insektenfreundliche Haushaltsroboter) oder – vor allem perspektivisch – proaktiver Systeme, die Tiere eigenständig aus Gefahrenzonen bringen oder in Naturreservaten versorgen (Bendel 2022).

Zielgruppen dieses Essentials sind Wissenschaft, Wirtschaft und Politik. Für Wissenschaftler liefert es einen klaren begrifflichen und methodischen Rahmen inklusive Klassifikationen. Unternehmer erhalten Orientierung zu Potenzialen und Gestaltungsmöglichkeiten tierfreundlicher Maschinen, bis hin zu Überlegungen zu Labeling und Reputation. Die Politik findet Anknüpfungspunkte für die Regulierung und die Ausgestaltung öffentlicher Räume, in denen Tiere, Menschen und

O. Bendel, *Tier-Maschine-Interaktion*, essentials, https://doi.org/10.1007/978-3-658-50921-7_1

Maschinen koexistieren (Bendel 2020a). Daneben soll das Buch interessierte Laien und Journalisten ansprechen.

Kap. 2 klärt Begriffe und verortet TMI wissenschaftlich in Abgrenzung zur Tier-Computer-Interaktion und im Verhältnis zu Maschinenethik, Tierethik und Technikphilosophie. Es führt zudem Klassifikationen zu Maschinen, Tieren und Begegnungen ein und umreißt die Rolle der Disziplin der Künstlichen Intelligenz. Kap. 3 versammelt Beispiele mit Schwerpunkt auf eigenen Konzepten und Prototypen, ergänzt um Arbeiten der Community und der Industrie. Kap. 4 diskutiert die wirtschaftliche Bedeutung auf unterschiedlichen Ebenen. Kap. 5 bündelt Perspektiven und Verfahren der Umsetzung. Kap. 6 schließt mit Zusammenfassung und Ausblick.

Beispiel: Warum ist die Tier-Maschine-Interaktion in der Praxis von Bedeutung?

In Ballungsgebieten, auf Betriebsgeländen und in Gebäuden treffen immer häufiger Transport- und Lieferroboter, Reinigungsroboter und Sicherheitsroboter auf Wild- und Haustiere. Diese reagieren ganz unterschiedlich auf sie. Manche greifen an, andere ziehen sich zurück. Es kann zu Verletzungen und Tötungen kommen. Die Tier-Maschine-Interaktion kann dabei helfen, solche und andere Fälle zu beschreiben und zu verstehen. Zudem macht sie Vorschläge für die Gestaltung der Maschinen. ◄

Begriffe und Grundlagen

Inhaltsverzeichnis

In diesem Kapitel werden Begriffe geklärt und abgegrenzt und Grundlagen geschaffen. Zunächst werden Tier-Computer-Interaktion und Maschinenethik mit der Tier-Maschine-Interaktion in Beziehung gesetzt. Dann lernt man Pioniere und Beiträge der TMI ebenso kennen wie Typen von Tieren und Maschinen und Formen des Zusammentreffens. Im letzten Abschnitt wird die Bedeutung der Disziplin der Künstlichen Intelligenz für die TMI betont.

2.1 Einordnung der Tier-Maschine-Interaktion

Die Tier-Maschine-Interaktion (TMI) – Animal-Machine Interaction (AMI) – ist die wissenschaftliche Disziplin, die die Interaktion von Tier und Maschine erforscht (Bendel 2015b, 2024). Je nach Art der Maschine kann zur Interaktion die Kommunikation treten. Es geht, um es weiter und umgangssprachlicher zu fassen, um das Aufeinandertreffen und Miteinander von Tieren und Maschinen. Die Mensch-Maschine-Interaktion (MMI) – Human-Machine Interaction (HMI) – ist das Vorbild und der Vorgänger der TMI. Sie untersucht die Interaktion (und

Kommunikation) von Mensch und Maschine. Wenn man Menschen als Tiere auffasst, ist „TMI" der Oberbegriff von „MMI". Eine solche Sprechweise hat sich aber nicht durchgesetzt. Wie im Falle einiger anderer Disziplinen kann die Bezeichnung für den Gegenstand gleich sein: Die Tier-Maschine-Interaktion beschäftigt sich mit der Tier-Maschine-Interaktion. Die Bedeutung erschließt sich meist aus dem Kontext. Wenn man bescheidener sein will, kann man statt von einer Disziplin von einem Forschungsfeld sprechen.

▶ **Definition** Die **Tier-Maschine-Interaktion** (TMI) – Animal-Machine Interaction (AMI) – ist die Disziplin, die die Interaktion bzw. Kommunikation von Tier und Maschine erforscht. Es geht, um es weiter und umgangssprachlicher zu fassen, um das Aufeinandertreffen und Miteinander von Tieren und Maschinen in unterschiedlichen Umgebungen. Der Schwerpunkt der Tier-Maschine-Interaktion liegt darin, Maschinen so einzusetzen und zu gestalten, dass das Tier davon einen Nutzen hat und seine Interessen gewahrt sind, wie bei tierfreundlichen Systemen und Maschinen, die sein Überleben und Wohlbefinden sichern.

Bei den Tieren kann es sich um Wild-, Nutz-, Arbeits-, Sport-, Haus- und Labortiere handeln. Sie alle können sich in unterschiedlichen Umgebungen, sei es in der freien Natur, im Straßenverkehr, in der Landwirtschaft, bei Sportveranstaltungen, im Haushalt oder im Labor, unterschiedlichen Maschinen gegenübersehen. Diese können klassische Apparate und Geräte sein, die mechanisch oder elektromechanisch funktionieren, computerisierte Systeme mit eingebetteter Software oder Roboter und Drohnen, die ohne oder mit KI betrieben werden. Das Aufeinandertreffen kann ohne eine eigentliche Interaktion stattfinden. Die Regel ist in diesem Kontext indes die Interaktion, die einfach oder komplex ist. Die Kommunikation, wenn vorhanden, kann auf beiden Seiten mit Hilfe von unterschiedlichen Signalen erfolgen.

▶ **Definition Tierfreundliche Maschinen** (engl. „animal-friendly machines") sind Maschinen, die die Interessen von Tieren berücksichtigen, also etwa ihr Überleben und ihr Wohlbefinden sichern. Die Maschinen sollen nicht in die Abläufe der Natur eingreifen, sondern so gestaltet sein, dass sie von sich aus Tiere nicht stören, verletzen oder töten und sie gegebenenfalls unterstützen.

Der Schwerpunkt der Tier-Maschine-Interaktion liegt darin, Maschinen so einzusetzen und zu gestalten, dass das Tier davon einen Nutzen hat und seine Interessen gewahrt sind, wie bei tierfreundlichen Systemen und Maschinen, die sein Überleben und Wohlbefinden sichern. Daneben existieren Maschinen, mit denen es benutzt oder ausgebeutet werden soll, wie im Falle von Melkmaschinen. Selbst hier stehen aber möglichst schonende Verfahren und möglichst wenig schädliche Systeme im Vordergrund. Die TMI kann auch das Tierverhalten erforschen, allerdings vor allem mit dem Ziel, die Maschinen anzupassen und zu entwickeln. Sie ist keine Verhaltensbiologie im üblichen Sinne bzw. kein Zweig davon. Wenn man auf den Primat der Maschine noch deutlicher hinweisen wollte, könnte man im Kompositum einen Wechsel zu „Maschine-Tier-Interaktion" („MTI") vornehmen. Dieser Begriff kommt zuweilen vor.

Hintergrundinformation

Man kann neben tierfreundlichen Maschinen **tierschädliche Maschinen** erfinden und in den Markt bringen. Solche gibt es in der Tierhaltung oder im Schlachtbetrieb. Sinn und Zweck ist meist die Tötung des Tiers, die dazu führt, dass keinerlei Interaktion, weder eine einfache noch eine komplexe, mehr möglich ist. Zudem kann man Maschinen für Tierversuche einsetzen. Das Ziel wird dabei vor allem die Erforschung des Tierverhaltens sein, um ein Verständnis an sich zu erzielen oder es auf andere Bereiche zu übertragen. In seltenen Fällen können solche Experimente dazu dienen, die Maschinen selbst zu gestalten oder anzupassen. Dabei mögen tierische Cyborgs entstehen, also biologische Strukturen, die mit technischen ergänzt werden, oder umgekehrte tierische Cyborgs, also technische Strukturen, die mit biologischen ergänzt werden, mit Nervenzellen oder Organteilen (Bendel 2020b). In all diesen Fällen ist die Tier-Maschine-Interaktion als Disziplin nicht zuständig oder überfordert.

Die Tier-Roboter-Interaktion (TRI) kann in einem zweifachen Sinne verstanden werden. Zum einen ist sie eine Unterform der Tier-Maschine-Interaktion, eben bezogen auf die Interaktion von Tier und Roboter (Morovitz et al. 2017; Funk 2022). In einem solchen allgemeinen Sinne weist sie die entsprechenden Merkmale auf. Zum anderen wird der Begriff oft im Zusammenhang mit biohybriden Systemen verwendet, etwa wenn Herden und Schwärme mit Artefakten – hier Robotern – angereichert werden (Romano et al. 2019). Der Schwerpunkt der Tier-Roboter-Interaktion in diesem speziellen Sinne liegt in der Beobachtung und Erforschung des (Verhaltens des) Tiers (Bonnet et al. 2016). Wenn Maschinen angepasst und entwickelt werden, dann in erster Linie mit Blick auf diese Aufgaben (Abb. 2.1). Da ein Verständnis des Tiers für die TMI wichtig ist, wird diese von der TRI indirekt beeinflusst. In diesem Zusammenhang haben sich Begrifflichkeiten wie „Ethorobotik" (engl. „ethorobotics") gebildet (Abdai und Miklósi 2024). Die TRI hat ihre Entsprechung in der Mensch-Roboter-Interaktion (MRI), engl. „human-robot interaction", abgekürzt „HRI", mit Spezialisierungen wie Mensch-Roboter-Kollaboration (MRK) (Buxbaum 2020).

Die Disziplin oder das Forschungsfeld der Tier-Computer-Interaktion (TCI) – Animal-Computer Interaction (ACI) – wurde von Clara Mancini gegründet und geprägt, u. a. mit ihrem Artikel „Animal-computer interaction: A manifesto" (Man-

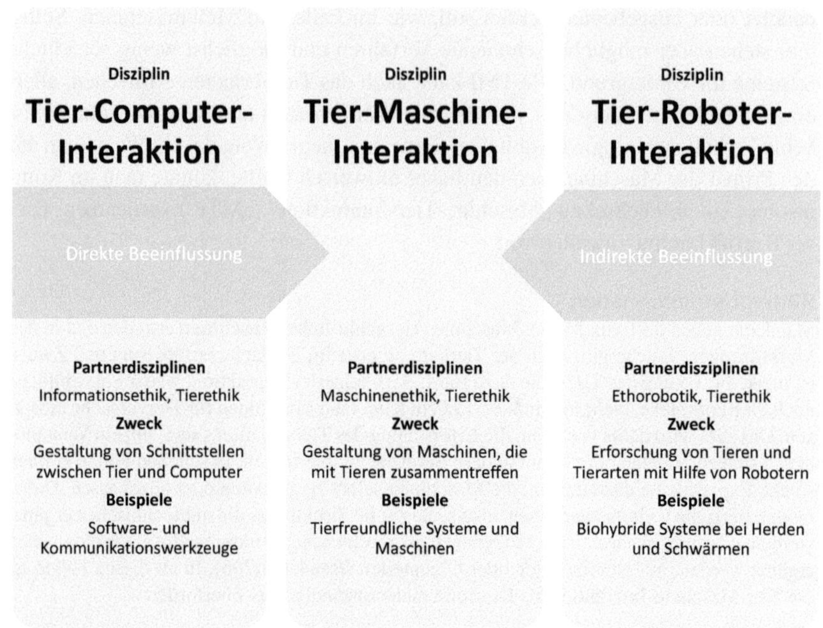

Abb. 2.1 Disziplinen zu Tier und Technik

cini 2011) und der von ihr initiierten Special Interest Group bei der SIGCHI Conference on Human Factors in Computing Systems (CHI2012) (N.N. 2016). Vorbild ist die Mensch-Computer-Interaktion (MCI) bzw. Human-Computer Interaction (HCI). Die Wissenschaftlerin von The Open University sieht die Tiere selbst als Benutzer, die ein Recht darauf haben, bei der Gestaltung von Schnittstellen berücksichtigt zu werden. TCI ist damit in erster Linie ein interface- und software-zentriertes Feld, das sich mit Benutzerschnittstellen, Eingabegeräten, sensorischen Feedbacksystemen und softwaregestützten Umgebungen beschäftigt (French et al. 2017). Wenn Tiere mit digitalisierten oder robotischen Maschinen interagieren, ist sowohl TCI als auch TMI betroffen. Dort, wo ausschließlich Software- oder Interfaceprozesse ohne Maschine im engeren Sinne stattfinden, verbleibt man im Bereich der TCI. Dort, wo Maschinen agieren, die keine Computer enthalten – etwa bei einem klassischen mechanischen Gerät –, ist man im Bereich der TMI. Es handelt sich um komplementäre Disziplinen, die teilweise deckungsgleich sind, aber unterschiedliche Schwerpunkte setzen (Mancini 2011; Bendel 2015b, 2024). Man kann zudem sagen, dass die TCI die TMI direkt beeinflusst.

Die Tier-Maschine-Interaktion kann biologische und künstliche Systeme in ihrem Zusammenspiel und ihrer Wechselwirkung beobachten und beschreiben. In diesem Sinne ist sie eine deskriptive Disziplin. Sie wird aber, wie angedeutet, oft gestalten und dabei nach bestimmten Kriterien, Standards und Normen vorgehen. In diesem Sinne ist sie eine normative Disziplin. Die Ethik kann sie im jeweiligen Bereich, insbesondere im normativen, begleiten und leiten. Ethics by Design bietet Entwicklern bestimmte Regeln an, damit Maschinen entstehen, die in moralischer Hinsicht abgesichert sind. Die Maschinenethik gibt den Maschinen – insbesondere teilautonomen und autonomen Systemen – selbst bestimmte Regeln, nach denen diese entscheiden und sich verhalten sollen (Bendel 2019b). Mehrere tierfreundliche Maschinen sind aus der Maschinenethik hervorgegangen (Bendel 2013a, 2016a, 2018, 2019b). Man nennt sie moralische Maschinen, ohne vorauszusetzen, dass sie Bewusstsein oder freien Willen haben. Sie verfügen über eine künstliche oder maschinelle Moral, so wie KI-Systeme über eine künstliche Intelligenz.

▶ **Definition** Die **Maschinenethik (engl. „machine ethics")** untersucht, wie moralische Regeln und Metaregeln in Maschinen – insbesondere teilautonome oder autonome Systeme – integriert werden können (Bendel 2019b). Sie ist zwischen Ethik und Informatik bzw. Robotik angesiedelt. Ziel ist es, technische Systeme zu entwickeln, die in bestimmten Situationen eigenständig moralische Implikationen von Aktionen und Reaktionen berücksichtigen und diese entsprechend ausrichten. Man spricht von künstlicher oder maschineller Moral und von moralischen Maschinen, also neuartigen, merkwürdigen, unvollständigen Subjekten der Moral, ohne Bewusstsein, Einsichtsfähigkeit, freien Willen etc. Die Objekte der Moral können Menschen, aber auch Tiere sein.

Die Tier-Maschine-Interaktion hat Beziehungen zur Technikphilosophie und zur Technikethik (die man zur Technikphilosophie zählen mag), zudem zur Maschinenethik, wie bereits dargestellt (Bendel 2019b, 2025b). Die Tier-Computer-Interaktion hängt mit der Informationsethik zusammen. Beide Disziplinen oder Forschungsfelder wenden Ethics by Design an. Sie bedienen sich aus der Tierethik, sowohl in ihren deskriptiven als auch in ihren normativen Anteilen (Wolf 1990, 2012; Bendel 2014c, 2015b, 2024). Zudem spielen die Konzepte des Tierschutzes eine Rolle, insbesondere bei der TMI. Dennoch sollten weder TMI noch TCI als aktivistische Bestrebungen verstanden werden. Sie sind analytisch und technologisch ausgerichtet und wissenschaftlich fundiert – und in manchen Fällen mit wirtschaftlichen Interessen verbunden.

Die Tier-Maschine-Interaktion hat zudem Beziehungen zu Animal Enhancement (Bateman et al. 2015; Bendel 2016b). Wie bei Human Enhancement wird auf eine Erweiterung und Verbesserung abgezielt, mit biologischen und chemischen oder mit technischen Mitteln – diese können wiederum Systeme und Maschinen sein (etwa als Wearables für Menschen oder Tiere). Allerdings steht jeweils der Nutzen des Menschen im Vordergrund. Animal Enhancement geschieht selten zugunsten der Interessen und des Wohlbefindens der Lebewesen. Bei Human Enhancement kann dies auch gelten, wenn es Ideologien wie dem Transhumanismus folgt bzw. sich Einzelne den Interessen einer Gruppe unterordnen müssen. Dennoch bleibt bei Menschen wenigstens im Prinzip eine gewisse Entscheidungsfreiheit in Bezug auf die Erweiterungen und Verbesserungen, die den Tieren nicht zu eigen ist.

▶ **Definition** Die **Tierethik** (engl. „animal ethics") beschäftigt sich mit den Pflichten von Menschen gegenüber Tieren und den Rechten von Tieren, ferner mit dem Verhältnis zwischen Tieren und (teil-)autonomen intelligenten Systemen, z. B. Agenten und Robotern (Bendel 2014c). Ein wichtiges moralisches und ethisches Argument ist die Leidensfähigkeit. Mit dieser lässt sich eine artgerechte Haltung oder sogar ein Verbot der Nutzung begründen. Nach Jeremy Bentham ist die Frage nicht, ob Tiere denken oder sprechen, sondern ob sie leiden können (Bentham 1789). Darüber hinaus ist die Frage, ob sie leben wollen. Mit dem Lebenswillen lässt sich u. U. ein Verbot des Tötens begründen. Der Begriff des Tierwohls wird oft zu Marketingzwecken verwendet. Angemessener kann es sein, von Interessen zu sprechen, die in grundsätzlicher Weise im angesprochenen Lebenswillen ihren Ausdruck und im Wohlbefinden ihr Ziel finden. Die Tierethik widmet sich nicht nur Individuen, sondern auch Arten.

2.2 Pioniere und Beiträge der TMI

Ende der 1990er-Jahre ließ Marc Böhlen von der School of Art (The Robotics Institute, Carnegie Mellon University) kleine Roboter in Käfigen mit Hühnern interagieren (Böhlen 1999). In seinem Artikel „A Robot in a Cage – Exploring Interactions between Animals and Robots" nimmt er die Perspektive der Tier-Maschine-Interaktion ein und benutzt mehrfach den englischen Begriff. Bereits im Abstract wird seine Intention deutlich: „This paper explores the question of designing a robot to share a space with a simple animal." (Böhlen 1999) Als Künstler und Techniker – er selbst bezeichnet sich auf der Website der University at Buffalo als „artist-engineer" – interessiert er sich für die Gestaltung der Maschine, die hier ein Roboter ist. Diese Linie führt zu den späteren Konzepten und Artefakten der TMI.

Etwa zur gleichen Zeit arbeitete Richard Vaughan im Rahmen seiner Dissertation „Experiments in Animal-Interactive Robotics" von 1998 an einer „animal-interactive robotics" (Vaughan 1998). Er ging der Frage nach, ob und wie mobile Roboter als Werkzeuge eingesetzt werden können, um tierisches Verhalten – etwa das Schwarm- oder Fluchtverhalten von Enten – gezielt zu beobachten und zu beeinflussen. Der Roboter war also lediglich Mittel zum Zweck. Der Begriff der TMI wird nicht verwendet. Diese Linie führt zu den späteren Versuchsanordnungen der Tier-Roboter-Interaktion in einem speziellen Sinne, zu den biohybriden Systemen und zu einer Ethorobotik. In seinem Artikel „Animal-Machine Interfaces" von 2000 wandte sich Jesús Savage mit seinen Mitautoren Wearables für Tiere zu, also einer Form von Animal Enhancement, ohne diesen Begriff zu erwähnen (Savage et al. 2000).

▶ **Definition   Animal Enhancement** ist die Erweiterung des Tiers, vor allem zu seiner scheinbaren oder tatsächlichen Verbesserung in Bezug auf seine eigenen Interessen oder diejenigen des Menschen, etwa in wirtschaftlicher oder wissenschaftlicher Hinsicht. Im Blick sind u. a. Leistungssteigerung, Erhöhung der Lebensqualität und Optimierung der Verwertung (Bendel 2016b). Bei technischem Animal Enhancement können Apparaturen und Maschinen eine Rolle spielen, die mit dem Tier verbunden werden. Für dieses entsteht mehrheitlich eher Schaden als Nutzen, sodass das Konzept nicht unmittelbar mit dem des Human Enhancement verglichen werden kann, das zumindest einen Nutzen für Menschen behauptet.

Eine für die TMI wegweisende Studie ist „Social behaviour of dogs encountering AIBO, an animal-like robot in a neutral and in a feeding situation" aus dem Jahre 2004 (Kubinyi et al. 2004). Kubinyi und ihre Mitautoren konfrontieren Hunde mit dem hundeähnlichen Roboter von Sony. Dabei wird die Reaktion der Tiere in einer neutralen und einer Füttersituation getestet, mit vier unterschiedlichen Testpartnern: (1) einem ferngesteuerten Auto, (2) einem AIBO-Roboter, (3) einem AIBO mit einem nach Welpen riechenden Fellüberzug und (4) einem 2 Monate alten Welpen. Robot Enhancement, hier der Fellüberzug mit Geruch bei AIBO, erhöht die Attraktivität deutlich gegenüber dem Original. Anders als bei vielen späteren Studien mit sozialen Robotern wird die Maschine hier in unterschiedlicher Form dargeboten bzw. gestaltet, was wesentlich für die Tier-Maschine-Interaktion ist.

Mit „Animal-computer interaction: A manifesto" steckte Clara Mancini 2011 das Forschungsfeld der Tier-Computer-Interaktion ab (Mancini 2011; Hirskyj-Douglas et al. 2018). Sie formulierte darin methodische, ethische und organisatorische Prinzipien. Die Forscherin initiierte die ACI-Konferenzen, die ab

2014 in den USA, in UK und in Israel stattfanden und das Forschungsfeld mit den ACM-Publikationen (ab 2016) wesentlich prägten. Neben Mancini sind Fiona French (London Metropolitan University), Melody Jackson (Georgia Tech), Ilyena Hirskyj-Douglas (Glasgow University), Anna Zamansky (Haifa University), David L. Roberts (NC State University), Dirk van der Linden (University of Northumbria) und Patrick Shih (Indiana University) wichtige Stimmen in der ACI, ohne dass die Aufzählung vollständig sein kann. Eigenständige Vertreter verwandter Bereiche sind Thilo Hagendorff, Leonie N. Bossert, Yip Fai Tse und Peter Singer (Hagendorff et al. 2023).

Parallel zu den Pionieren der ACI entwickelte Oliver Bendel die TMI seit 2012 konsequent weiter. Seine Arbeiten verbanden die Maschinenethik mit tierfreundlichen Konzepten und Prototypen: Fahrerassistenzsysteme und autonome Fahrzeuge, die auf Wildtiere Rücksicht nehmen (Bendel 2014b), der Roboterstaubsauger LADYBIRD (Bendel 2017), der Rasenmähroboter HAPPY HEDGEHOG (Bendel et al. 2021) und die Konzeption mit passiven, aktiven und proaktiven Systemen für Schutzgebiete und Naturreservate (Bendel 2022). Ein Projekt zum nichtinvasiven Tracking von Bären mittels Gesichtserkennung, das mit Hilfe von Kameras in Wildtierkameras, Robotern und Drohnen und einem bereits veröffentlichten Algorithmus umgesetzt werden kann (Bendel und Yürekkirmaz 2023), und Artikel und Studien zum Zusammentreffen sozialer Roboter und robotischer Vierbeiner mit Haustieren (Bendel 2025a; Rohr 2025) schlossen sich an. Zudem gaben „The Animal Whisperer Project" (Bendel und Zbinden 2024) und „The VISUAL Project" (Bendel und Jovic 2025) der ACI neue Impulse, indem Multimodal Large Language Models (MLLMs) einbezogen wurden.

Seit Mitte der 2010er-Jahre mehren sich Studien mit sozialen Robotern und Hunden bzw. Katzen, wobei die Maschinen meist nicht oder kaum verändert werden. Park et al. (2017) gehen der Frage nach, wie Hunde auf einen betreuenden Roboter reagieren und ob dieser als spielende Alternative zum Menschen geeignet ist. Im selben Jahr untersuchen Morovitz et al. (2017) die Rolle der Menschenähnlichkeit für den Erfolg der Interaktion zwischen Hund und Roboter. Suzuki et al. (2017) widmen sich der Frage, ob Hunde und Serviceroboter durch das fürsorgliche Verhalten der Serviceroboter zu Gefährten werden können, Mangat et al. (2019) den Reaktionen von Haustieren als unbeabsichtigten Benutzern sozialer Roboter. Qin et al. (2020) kommen zur Erkenntnis, dass Hunde eher „Sitz!"-Befehlen von einem NAO als aus einem Lautsprecher folgen. Die Fallstudie „Cat Royale" zeigt, wie ein Roboter mit drei Katzen interagiert, und beleuchtet umfassend, wie Vertrauen in soziale Roboter praktisch sichergestellt werden kann (Benford et al. 2025). Im Team ist Clara Mancini, die sich damit auch der TMI zuwendet.

▶ **Definition** **Soziale Roboter** sind sensomotorische Maschinen, die für den Umgang mit Menschen oder Tieren geschaffen wurden (Bendel 2020c, 2021b). Sie können über fünf Dimensionen bestimmt werden, nämlich die Interaktion mit Lebewesen, die Kommunikation mit Lebewesen, die Nähe zu Lebewesen, die Abbildung von (Aspekten von) Lebewesen sowie – im Zentrum – den Nutzen für Lebewesen (Abb. 2.2).

Auch Studien zu Servicerobotern werden immer häufiger durchgeführt. Väätäjä et al. (2023) untersuchen, wie Hunde auf rollende Lieferroboter von Starship Technologies im städtischen Raum reagieren, basierend auf einer Umfrage unter 212 Hundebesitzern. Während 61 % neutrales Verhalten berichteten, zeigten 8 % der Hunde Vermeidung und 9 % aggressives Verhalten – bei rund 40 % dieser Hunde besserte sich das Verhalten auch bei späteren Begegnungen nicht. Die Ergebnisse liefern wichtige Erkenntnisse über das Verhalten von Tieren gegenüber Robotern im öffentlichen Raum. Soziale Roboter und Serviceroboter deckt der Beitrag von Rohr (2025) ab, die 12 Hunde mit einem Unitree Go2 (robotische Vierbeiner werden für Forschung, Transport und Monitoring eingesetzt) konfrontiert hat. Initiator des Projekts war Oliver Bendel.

Die u. a. von Vaughan (1998) inspirierte Forschung zu biohybriden Systemen, in denen man etwa Schwärme von Insekten oder Fischen mit Robotern anreichert, explodierte in den 2020er-Jahren regelrecht. Die meisten Treffer bei einer Literaturrecherche zur Tier-Roboter-Interaktion landeten mit Stand 2025 in diesem Gebiet (Halloy et al. 2013). Nicht vergessen werden dürfen die animaloiden (tierähnlichen) Beobachtungsroboter des Filmemachers John Downer – wie bei den biohybriden Systemen kann man hier von Tier-Roboter-Interaktion in einem speziel-

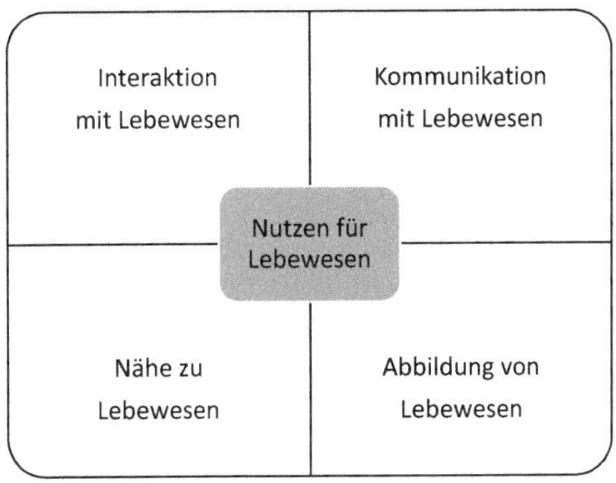

Abb. 2.2 Dimensionen sozialer Roboter (Bendel 2020c)

len Sinne sprechen. Dabei ist aber nicht die wissenschaftliche Beschäftigung, sondern die mediale Vermittlung das Ziel.

Hintergrundinformation

Die **Geschichte der Tier-Maschine-Interaktion** (bzw. ihres Gegenstands) bis zum Ende des 20. Jahrhunderts kann nur angedeutet werden. Seit Jahrtausenden treffen Tiere auf Artefakte aller Art. In prähistorischer und frühgeschichtlicher Zeit interagierten sie mit Gruben, Fallen, Netzen, Zäunen oder mechanischen Sperren. Es sind intentional entworfene, kausal wirkende Systeme, die das Verhalten von Tieren beeinflussen (etwa das Durchqueren eines Areals) oder diese in Gefangenschaft bringen und insgesamt meist zu ihrem Nachteil gereichen.

Spätestens mit dem Aufkommen von Zug- und Tragegeschirren entsteht ein dauerhaftes Miteinander von Tier und Maschine. Tiere werden in die Funktionskette von Wagen, Pflügen oder Schleppgeräten gezwungen. Die Geräte müssen so ausgelegt sein, dass sie keine vermeidbaren Schäden verursachen. Dasselbe gilt für tiergetriebene Mühlen, bei denen Pferde, Ochsen oder Kamele einen Maschinenlauf in Bewegung setzen. Bereits hier zeigen sich zwei Grundmotive der TMI, nämlich erstens die Anpassung der Maschine an die morphologischen und verhaltensbiologischen Eigenschaften des Tiers, zweitens die Risiko- und Belastungsminimierung durch technische Gestaltung und adäquaten Betrieb, um eben diesen aufrechtzuerhalten (Bendel 2015b).

In Gewässern entstehen früh Wehre und Rechen, die den Weg von Fischen verändern. Solche wasserbaulichen Maschinen führen zu neuen Interaktionen und zu Konflikten, die in der Neuzeit mit Fischaufstiegsanlagen und -umgehungen abgefedert werden – frühe Beispiele dafür, dass technische Infrastrukturen mit Rücksicht auf Tierbewegungen geplant werden. Auch Windmühlen und später Windkraftanlagen markieren im Luft- und Landschaftsraum technische Eingriffe, die Vögel und Fledermäuse betreffen (Ferrer et al. 2022). Hier zeigen sich TMI-Problematiken, die bis heute bestehen, nämlich Kollisionen, Vergrämungstechniken und Schutzmaßnahmen.

Mit der Industrialisierung vervielfältigen sich die Begegnungen. In der Landwirtschaft kommen mechanische Melkmaschinen, Mäh- und Erntetechnik auf (Marnet et al. 2024). Im Feld wächst die Bedrohung von Jungtieren. Gleichzeitig verdichten sich die Infrastrukturen: Eisenbahn und Automobil schneiden Korridore durch Lebensräume. Schon früh werden akustische Warnsysteme und mechanische Abschrankungen eingeführt, um Zusammenstöße mit Nutztieren oder Wild zu vermeiden. In Städten tauchen motorisierte Kehr- und Reinigungsfahrzeuge auf; Hunde, Katzen, Vögel und Stadtwildtiere treten in alltägliche Nähe zu Maschinen.

Der technische Wandel bringt einen epistemischen mit sich: Tiere werden in Planung und Betrieb intensiver mitgedacht. Stall- und Gerätetechnik sucht Passformen für Hygiene, Effizienz und Tierverträglichkeit. In diesem Zeitraum werden viele Problemmuster klassischer TMI sichtbar, die heute – digital transformiert und robotisch adaptiert – erneut bearbeitet werden, etwa Störung und Stress, Verletzungsrisiken, Routen- und Zugangslenkung, Signalgebung und Abstandsmanagement.

Im 20. Jahrhundert treten Mess- und Regelungstechnik hinzu. Temperatur-, Druck-, Durchfluss- und Kontaktmessungen werden Standard, zunächst in stationären Systemen (Stall, Melkstand), später in mobilen. Der Gedanke, Tierzustände technisch zu erfassen und Maschinenverhalten daran zu koppeln, setzt sich durch. In der Schweiz kommen in den

1980er-Jahren Kuhställe auf, in denen die Tiere umhergehen können. Im 21. Jahrhundert beginnt die eigentliche Geschichte der Tier-Computer-Interaktion und der Tier-Maschine-Interaktion (Bendel 2015b, 2024). Software, KI-Systeme und Roboter beherrschen nun das Feld.

2.3 Typen von Tieren und Maschinen und Formen des Zusammentreffens

Um den Begriff der Tier-Maschine-Interaktion weiter zu entschlüsseln und ihren Gegenstand zu erfassen, ist es notwendig, die Tiere, die Maschinen und die Arten der Begegnungen in einer geeigneten Art und Tiefe zu systematisieren.

Auf Seiten der Tiere sind Wild-, Nutz-, Arbeits-, Sport-, Haus- und Versuchstiere zu unterscheiden (Bendel 2018). Sie haben eine unterschiedliche Entwicklungsgeschichte und wurden keiner, einer schwachen oder einer starken Domestizierung und Züchtung unterzogen. Wildtiere reagieren gegenüber Menschen oft mit Flucht und Stress, Nutztiere werden in ihrer Bewegungsfreiheit begrenzt und in Produktionszusammenhänge gestellt, Haustiere an ihre Besitzer gebunden. Sie begegnen Maschinen in unterschiedlichen Umgebungen und Lebensräumen, wie Wildtiere in der freien Natur (etwa in der Wildnis oder in Naturreservaten) oder in Kulturlandschaften, Nutz- und Arbeitstiere in Landwirtschaftsbetrieben und auf Transportwegen, Sporttiere in Trainings- und Sportstätten, Haustiere im Haushalt und im Verkehr, Versuchstiere in Labors. Tab. 2.1 listet die Kategorien von Tieren in der TMI auf.

Tab. 2.1 Kategorien von Tieren in der Tier-Maschine-Interaktion

Kategorie	Merkmale	Beispiele
Wildtiere	Freies Leben in der freien Natur, oft unvorhersehbares Verhalten	Rehe, Bären, Vögel, Fledermäuse
Nutztiere	Landwirtschaftliche Haltung, regelmäßiger Kontakt mit Menschen	Kühe, Schweine, Ziegen
Arbeitstiere	Unterstützung des Menschen bei spezifischen Aufgaben	Blindenhunde, Polizeipferde, Schlittenhunde
Sporttiere	Einsatz im Wettkampf oder Training von Menschen	Pferde, Hunde im Agility-Sport
Haustiere	Erzwungenes Leben im Haushalt, enge Bindung zum Menschen	Hunde, Katzen, Ziervögel
Versuchstiere	Wissenschaftlicher Einsatz, oft unter kontrollierten Bedingungen	Mäuse, Ratten, nichtmenschliche Primaten

Auf Seiten der Maschinen sind nach Zeitalter und Komplexitätsgrad zu unterscheiden:

- Klassische Maschinen, etwa mechanische Maschinen wie traditionelle Fahrzeuge, traditionelle Mähdrescher und Melkmaschinen oder elektromechanische Systeme wie Staubsauger und Windkraftanlagen
- Computerisierte Maschinen wie moderne Fahrzeuge mit Fahrerassistenzsystemen, moderne Mähdrescher oder moderne Systeme mit Windkraftanlagen (Bendel 2014b)
- Ebenfalls computerisierte, nun aber teilautonome oder autonome, oft auf KI basierende Maschinen wie Drohnen, Roboterfahrzeuge, Serviceroboter und soziale Roboter, zunehmend robotische Zweibeiner (etwa Allzweckroboter) und robotische Vierbeiner (Bendel 2014c, 2018)
- Biohybride Systeme wie Roboter in Schwärmen und Herden zur Beobachtung und Untersuchung oder als Systeme des Animal Enhancement, von Prothesen über Wearables bis hin zu fest gekoppelten Systemen (Bendel 2016b)

Zudem ist – immer noch im Zuge der Entschlüsselung des Begriffs – zwischen Aufeinandertreffen, Interaktion und Kommunikation von Tieren und Maschinen zu differenzieren. Eine Zusammenstellung liefert Tab. 2.2.

Daneben lassen sich die Arten der Begegnungen im weiteren Sinne klassifizieren:

- Zufällige Begegnungen, wie sie im Straßenverkehr oder in Ballungsgebieten vorkommen, wenn ein Hund oder eine Krähe auf einen Transport- oder Lieferroboter trifft

Tab. 2.2 Formen der Interaktion

Form	Beschreibung	Beispiele
Aufeinandertreffen	Reine Begegnung ohne nennenswerte Wechselwirkung	Wildtier läuft an Gerät oder Maschine vorbei
Einfache Interaktion	Auslösen der Reaktion der Maschine durch das Tier oder umgekehrt	Bewegung des Tiers aktiviert Sensor; Tier beobachtet Roboter
Komplexe Interaktion	Anpassen der Aktion der Maschine an das Tier oder umgekehrt	Roboter stoppt, wenn er ein Tier erkennt; Tier entkommt Roboter
Kommunikation	Gegenseitige Signalübertragung mit Reaktion	Hund folgt Roboterkommando; Vogel reagiert auf Drohnensignale

- Geplante Begegnungen, etwa beim Melken einer Kuh oder Füttern eines Schweins im Stall oder einer Katze im Haushalt
- Kooperative Begegnungen, wenn ein Roboter gezielt mit einem Tier interagiert, zum Beispiel beim Hüten von Schafen oder bei der Unterhaltung einer Katze
- Kollaborative Begegnungen, wenn ein Roboter mit einem Tier an einer Aufgabe arbeitet, etwa der Behandlung einer Verletzung oder der Rettung auf eine Insel
- Konfliktäre Begegnungen, wenn rollende, laufende, fliegende oder schwimmende Maschinen Tiere stören, verletzen oder töten
- Mediatisierte Begegnungen, wenn Tiere über Kameras (z. B. Wildtierkameras) und Sensoren (z. B. Bewegungssensoren oder Infrarotsysteme) erfasst oder über Aktoren (Halsband oder Aufsatz mit schwachen Stromschlägen, robotische Tierscheuchen) manipuliert werden
- Soziale Begegnungen, die übergeordnete und gemeinsame Aktivitäten (Überwachung, Begrenzung, Spiel) sowie Kommunikationsformen (akustische und visuelle Signale der Maschinen) einschließen

▶ **Definition** Artikel 2a der Richtlinie 2006/42/EG des Europäischen Parlaments und des Rates vom 17. Mai 2006 begreift eine **Maschine** als „eine mit einem anderen Antriebssystem als der unmittelbar eingesetzten menschlichen oder tierischen Kraft ausgestattete oder dafür vorgesehene Gesamtheit miteinander verbundener Teile oder Vorrichtungen, von denen mindestens eines bzw. eine beweglich ist und die für eine bestimmte Anwendung zusammengefügt sind". Maschinen sind in der Landwirtschaft, in der Fertigung, im Militär und im Alltag vertreten, als Landwirtschaftsmaschinen, Produktionsanlagen, Industrieroboter, Kampfdrohnen und Fahrkartenautomaten (Bendel 2021a).

2.4 Künstliche Intelligenz in der TMI

Von Anfang an war künstliche Intelligenz bedeutsam für die Tier-Maschine-Interaktion, zunächst etwa in der Form von Muster-, Umriss- und Objekterkennung, später in Form von Gesichtserkennung und generativer KI. Daneben existieren weitere relevante Ansätze. Im Folgenden werden Funktionen und Aktionen bzw. Reaktionen von teilautonomen und autonomen Maschinen unterschieden und mit Beispielen für KI-Systeme ergänzt. Begrifflichkeiten wie „Verstehen", „Entscheiden", „Verhalten" oder „Handeln" werden bei Artefakten mitunter als problematisch empfunden. Es soll aber weitgehend zugunsten der Flüssigkeit und Verständlichkeit auf Alternativen wie „Erkennen der Muster" und „Auswählen unter unterschiedlichen Optionen" verzichtet werden, während „Agieren" und „Reagieren" immer wieder passend erscheinen. Insgesamt lässt der Kontext kaum Unklarheiten aufkommen.

- Wahrnehmen: Gesichtserkennung, Computer Vision und multimodale LLMs können Tiere in Echtzeit erkennen und sowohl Arten als auch Individuen bestimmen helfen, wie im Falle von Tracking bei Bären oder von virtuellen Videosafaris für Blinde und Sehbehinderte (Bendel und Yürekkirmaz 2023; Bendel und Jovic 2025). Kameras, Mikrofone, Infrarotsensoren und weitere Sensoren liefern Daten, die durch Machine-Learning-Verfahren kombiniert, analysiert und evaluiert werden.
- Verstehen und Vorhersagen: Mit Hilfe künstlicher Intelligenz können Bewegungs- und Verhaltensmuster analysiert und evaluiert werden. So kann ein System vorhersagen, ob ein Tier die Straße überqueren wird, sodass die Geschwindigkeit eines Fahrzeugs angepasst wird (Bendel 2013a, 2014a, 2014b, 2016a), oder das Verhalten eines Tiers deuten und vor Störungen und Angriffen warnen.
- Entscheiden: Regelbasierte Ansätze wie annotierte Entscheidungsbäume helfen bei der Planung und Umsetzung, etwa bei Drohnen und Roboterautos, und schaffen Transparenz (Bendel 2016a). Machine Learning, z. B. in Form von Reinforcement Learning, erlaubt mehr Flexibilität, wobei meist die Transparenz leidet. Moralische Regeln können nicht nur über annotierte Entscheidungsbäume, sondern auch – wie bei LADYBIRD – über Moralmenüs oder komplexere Moralmodule ergänzt werden (Bendel 2013a, 2015a, 2016a; Bendel und Heimann 2023).
- Handeln: Die mit KI-Systemen ermöglichten Aktionen und Reaktionen der Maschinen reichen vom Ausweichen oder Anhalten über Ein- und Zugriffe bis hin zu aktiven Schutzmaßnahmen. Ein Rasenmähroboter wie HAPPY HEDGEHOG stellt seine Arbeit ein, sobald er mit Hilfe eines zweistufigen Verfahrens (Wärmebildkamera und Machine Learning) einen Igel erkennt, eine Fotodrohne, die Flora und Fauna auf dem Boden erfassen soll, ändert ihre Höhe, wenn sich Vögel nähern (Bendel 2016a).
- Lernen und Feedback: Machine Learning ist nicht nur für vermutete Situationen relevant, sondern auch für unvermutete oder unvorhersehbare. Zu diesem Zweck können Maschinen aus Erfahrungen lernen, indem sie Erfolge und Misserfolge aus der Interaktion mit Tieren berücksichtigen, oder in einem großen Weltmodell (World Foundation Model, WFM) trainiert werden. So wird das Verhalten über die Zeit verbessert und an neue Tierarten und Umgebungen angepasst.

- Kommunikation: Manche Maschinen nutzen Töne, Licht oder Bewegungen, um mit Tieren zu kommunizieren. An der Entschlüsselung tierischer Sprachen wird gearbeitet, etwa in Projekten wie Earth Species Project (Hagiwara et al. 2022; mit kritischer Reflexion s. Kershenbaum 2024). Dabei wird auf unterschiedliche Annahmen, Herangehensweisen und KI-Modelle gesetzt. Im Fokus stehen vokale Kommunikationssysteme, z. B. von Walen oder nichtmenschlichen Primaten.

Auf Dinge, Menschen und Tiere (oder Pflanzen) bezogene KI-Systeme erhielten ihre Daten im 20. Jahrhundert vielfach aus dem Internet und aus anderen Systemen, in denen Texte, Bilder und Videos über Jahre gespeichert waren, oft mit ungenügendem oder falschem Kontext. Es gab daneben schon erste Versuche, Livedaten einzubeziehen. Im 21. Jahrhundert werden mit leistungsfähigerer Hardware und stabileren Netzwerken bestimmte Live-Webcams zunehmend als Datenquelle für KI-Systeme nutzbar. Zudem verbreiten sich immer mehr Serviceroboter und soziale Roboter, deren Aufnahmen man verwenden kann (Bendel 2020a, 2021b). Dabei ist wesentlich, dass sie sich unter Menschen oder Tieren bewegen und ständig deren Verhalten im Zusammenhang erfassen und auswerten – und dadurch, bei geeigneter Implementierung, ständig dazulernen. In diesem Sinne sind Systeme für das Tracking mit Hilfe von Gesichtserkennung bei Bären oder passive, aktive und proaktive Systeme in Kulturlandschaften und Naturreservaten nicht nur als Konzepte und Prototypen interessant, sondern auch als Grundlage für spätere, mächtigere Implementierungen.

Beispiele für Anwendungen der Tier-Maschine-Interaktion

Inhaltsverzeichnis

In diesem Kapitel werden Projekte, Konzepte, Prototypen und Produkte der Tier-Maschine-Interaktion vorgestellt. Es geht hier nicht mehr wie im vorangehenden Kapitel mehrheitlich um Studien, die lediglich Maschinen in einen Zusammenhang mit Tieren rücken, sondern um Projekte, bei denen die Gestaltung von Maschinen eine Rolle spielt. Damit überwiegen hier tierfreundliche Maschinen und überhaupt Systeme, die geschaffen wurden, um einen Nutzen für Tiere zu erzeugen. Da das Feld der TMI noch sehr jung ist und das Interesse der Wirtschaft erst allmählich erwacht, überwiegen Prototypen.

© Der/die Autor(en), exklusiv lizenziert an Springer Fachmedien
Wiesbaden GmbH, ein Teil von Springer Nature 2026
O. Bendel, *Tier-Maschine-Interaktion*, essentials,
https://doi.org/10.1007/978-3-658-50921-7_3

3.1   Robocar

Im Jahre 2012 wurde an der Hochschule für Wirtschaft FHNW eine Formel entwickelt, die das Quantifizieren und Qualifizieren bei Roboterautos ermöglichte. Sie wurde Anfang 2013 auf einer internationalen Tagung für Technikfolgenabschätzung erläutert (Bendel 2014d). Es folgten Überlegungen zu Fahrerassistenzsystemen und autonomen Systemen, die Tiere erkennen und schützen (Bendel 2013a, 2013b). 2014 entstand im Kontext der Maschinenethik eine Designstudie zu Robocar, einem tierfreundlichen Auto (https://www.informationsethik.net/skizzen/). Hier geht es vor allem um Wildtiere, die eine Fahrbahn überqueren, und zwar um große wie Rehe oder Wildschweine ebenso wie um kleine (und z. T. vom Aussterben bedrohte) wie Kröten und Igel. Zudem sind Haustiere von Bedeutung. 2015 wurde ein annotierter Entscheidungsbaum erfunden, im Kern ein klassischer Entscheidungsbaum, wie er etwa in der Wirtschaftsinformatik bekannt ist, der allerdings an den Knoten mit moralischen Annahmen und Begründungen versehen wird.

Die Modellierung nimmt an, dass die Aktivität das Autofahren ist (Bendel 2016a). Die Fahrspur wird auf Objekte überprüft, die weniger als 40 Meter vom Auto entfernt sind. Wenn ein Objekt auf der Straße erkannt wird und es sich dabei um einen Menschen handelt, leitet das System eine Not- oder Gefahrenbremsung ein. Befindet sich ein Tier in Gefahr, verfährt das System je nach Tierart. Kollisionen mit größeren Tieren sind zu vermeiden, seltene Arten besonders zu berücksichtigen. Ausgenommen sind Insekten und Weichtiere. Eine Bremsung wäre in diesem Falle unwirtschaftlich, und die Mobilität, also der Zweck des Fahrens, würde stark eingeschränkt. Handelt es sich bei dem erkannten Objekt nicht um ein Lebewesen, müssen andere Faktoren berücksichtigt werden. Größere Gegenstände würden ein Bremsen erfordern, um Schäden am Fahrzeug und Risiken für das Leben der Insassen zu vermeiden.

Robocar wurde in Vorträgen bei mehreren Automobilfirmen vorgestellt, die aber kein Interesse zeigten. In der Tat sollten Brems- und Ausweichmanöver für kleine oder seltene Tiere die Ausnahme bleiben, weil sie zu Sicherheitsrisiken führen können. Dennoch ist die Verwendung von üblichen Warnschildern (z. B. „Vorsicht Krötenwanderung") wenig erfolgreich und die Verwendung von passender Technik im Auto durchaus möglich, etwa in übersichtlichen, verkehrsarmen Situationen.

3.2   Die tierfreundliche Drohne

Ein Projekt der Maschinenethik im Jahre 2015 an der Hochschule für Wirtschaft FHNW beinhaltete die Konzeption für eine tierfreundliche Drohne (Bendel 2015a; 2016a). Diese sollte teilautonom oder autonom sein und Fotos von Fauna und Flora anfertigen, etwa für wissenschaftliche oder dokumentarische Zwecke. Menschen waren, so die Annahme, als Motive aus sachlichen Gründen nicht relevant und sollten in ihrer informationellen Autonomie geschützt werden (Bendel 2018). Für die Drohne wurde wie in vergleichbaren Projekten ein annotierter Entscheidungsbaum vorgesehen.

Die Modellierung beginnt mit der Aktivität des Fliegens (Bendel 2015, 2018). Von oben prüft die Drohne, ob sich ein Objekt auf dem Boden befindet. Ist dies der Fall und entpuppt es sich als Mensch, wird die Aufnahmefunktion nicht aktiviert, um die Persönlichkeitsrechte und das Recht am eigenen Bild zu respektieren. Ist das Objekt ein Tier, geht die Drohne entsprechend der Tierart vor. Kollisionen mit Vögeln wie Adlern oder Störchen sind zu vermeiden, scheue Tiere in Ruhe zu lassen. Letztere sollen nur aus großer Entfernung fotografiert oder gefilmt werden. Die Erfassung seltener Tierarten erfolgt aus verschiedenen Höhen, ein Aufwand, der sich nicht zuletzt aus wirtschaftlichen Gründen lohnt – man denke an Dokumentarfilme. Für Gegenstände gilt dies in diesem Zusammenhang nicht, d. h. die gleiche Annahme wird im Entscheidungsbaum negiert. Wenn die Maschine ein Tier nicht erkennt, zieht sie andere mögliche Sachverhalte in Betracht.

Die tierfreundliche Drohne wurde nicht als Prototyp umgesetzt. Eine gewisse Relevanz scheint sie für Konzepte wie ANIFACE zu haben, vor dem Hintergrund, dass Bären bei Drohneneinsatz unter Stress geraten können (Bendel und Yürekkirmaz 2023). Angesichts der starken Zunahme dieser Technologie seit den 2010er-Jahren wären tierfreundliche Umsetzungen geboten.

3.3   Wildlife Vehicle Collision Avoidance System

Die eine Strategie ist, Autos und die integrierten Systeme auf Tiere auszurichten. Die andere ist, externe Systeme zu bauen. Auch eine Kombination ist möglich. Ein Beitrag von Kurain beschreibt ein kostengünstiges, energieautarkes Warnsystem zur Vermeidung von Wildtier-Fahrzeug-Kollisionen (Kurain et al. 2018). Entlang der Straße installierte Masten tragen Solarzellen, Bewegungssensoren und LED-Streifen. Erkennen die Bewegungssensoren ein Tier, werden die LEDs aktiviert und Signale an ein bordeigenes Empfangsmodul gesendet, das im Fahrzeug auf optische und auditive Weise warnt.

Das Konzept ergänzt bekannte radarbasierte Ansätze um eine einfache, lokale, netzunabhängige Architektur. Als Vorteile nennt der Beitrag niedrige Kosten und schnelle Installierbarkeit; Grenzen ergeben sich u. a. durch die Reichweite der Bewegungssensoren, mögliche Fehlalarme und die Notwendigkeit eines kompatiblen Fahrzeugempfängers (Kurain et al. 2018). Es handelt sich im ethischen wie im wirtschaftlichen Sinne um eine interessante Erweiterung von rein fahrzeugzentrierten Ansätzen.

3.4 LADYBIRD

LADYBIRD ist der Prototyp eines tierfreundlichen – genauer gesagt marienkäferfreundlichen – Saugroboters (Bendel 2017). Entstanden ist er im Rahmen eines Projekts der Maschinenethik an der Hochschule für Wirtschaft FHNW im Jahre 2017. Vorgestellt wurde er 2017 an der Stanford University (AAAI Spring Symposia). Bereits 2014 wurde die Designstudie veröffentlicht, die grob über das gewünschte Aussehen und die geplanten Funktionen des Geräts Auskunft gibt (https://www.informationsethik.net/skizzen/). 2015 wurde ein annotierter Entscheidungsbaum für LADYBIRD angefertigt (Bendel 2017).

In der Modellierung wird von der Aktivität des Saugens ausgegangen (Bendel 2017). Geprüft wird, ob etwas in der Bahn des Saugroboters liegt. Wenn dies der Fall ist und es sich um ein Tier handelt, wird geklärt, welche Größe es hat. Eine Katze ist unproblematisch angesichts der Größe der Saugvorrichtung, ein Marienkäfer nicht. Für diesen wird der Betrieb pausiert. Die moralischen Annahmen sind grob und einfach. Sie müssen nicht von allen geteilt werden. Das ist indes gar nicht notwendig, denn es können unterschiedliche Geräte angeboten werden, der Kunde kann beim Kauf auf die Erweiterungen und Einschränkungen hingewiesen werden, über Produktinformationen, Labels und Zertifikate, und man kann ihm anbieten, die Maschine zu modifizieren, wenn er abweichende Bedürfnisse hat. So holen manche Menschen den Staubsauger heraus, um Spinnen, Asseln oder Fliegen aufzunehmen. Ihnen wäre damit geholfen, dass LADYBIRD bei diesen Tieren eine Ausnahme macht. Dies widerspricht freilich dem Ansatz der Tierfreundlichkeit. Wenn es sich um kein Lebewesen handelt, werden in der Modellierung weitere mögliche Fakten einbezogen.

Das dreiköpfige Team verwendete bei seiner Arbeit den beschriebenen annotierten Entscheidungsbaum. Für die Erkennung baute es einen Farbsensor in die Maschine ein. Andere gewünschte und sinnvolle Komponenten – etwa

Bewegungsmelder oder Systeme mit Bild- und Mustererkennung – wurden nicht einbezogen, da bei den beteiligten Wirtschaftsinformatikern zu wenig Erfahrung auf diesen Gebieten vorhanden und die Zeit zu knapp bemessen war. Es entstand ein primitiver Roboter, der immerhin das Anliegen und Umsetzungsmöglichkeiten illustrieren konnte. Er erkennt einen abstrahierten Marienkäfer, stoppt für diesen und gibt einen Signalton von sich.

LADYBIRD wurde in der wissenschaftlichen Literatur aufgegriffen und auf wissenschaftlichen Vorträgen thematisiert (Bendel 2017; Misselhorn 2018). Den meisten war klar, dass der Prototyp die Intentionen und Potenziale der Maschinenethik demonstrieren sollte und der Anwendungsfall keine hohe Relevanz hatte – außer natürlich für Marienkäfer. Allerdings ist der Schutz von Insekten seitdem umso dringlicher geworden, und die moralischen Regeln können auf andere tierfreundliche Maschinen übertragen werden.

3.5 HAPPY HEDGEHOG (HHH)

HAPPY HEDGEHOG (HHH) ist der Prototyp eines tierfreundlichen – genauer gesagt igelfreundlichen – Rasenmähroboters (Bendel et al. 2021). Vorgestellt wurde er 2021 bei den AAAI Spring Symposia (wegen der Corona-Pandemie eine Onlinekonferenz). Mit dem Projekt wurde 2019 an der Hochschule für Wirtschaft FHNW die Idee von LADYBIRD wieder aufgenommen. Anders als Marienkäfer sind Igel, die von Rasenmährobotern getötet werden, ein drängendes Problem. Vermutlich sterben jedes Jahr weltweit Tausende auf diese Weise, überwiegend junge Individuen, die von der Maschine überrumpelt werden und die sich nicht fortbewegen können oder wollen. Das mag wenig sein im Vergleich zu den Opfern derselben Tierart im Straßenverkehr, aber es ist ein Leid, das ohne größeren Aufwand vermieden werden kann. Ein annotierter Entscheidungsbaum ist in diesem Falle nicht entstanden. Das vierköpfige Team, das sich im Rahmen eines Praxisprojekts im Sommer der Herausforderung widmete, hatte aber denjenigen von LADYBIRD studiert.

HHH ist technisch ambitionierter als sein Vorgänger (Bendel et al. 2021). Wie dieser fährt er autonom umher. Er verfügt über eine Wärmebildkamera. Damit kann er bestimmte Lebewesen und warme Objekte auf seinem Weg erkennen. Wenn es dazu kommt, hält er inne und wendet, während er seine recht hoch positionierte Kamera auf das unbekannte Objekt richtet, seine zweite Methode an. Mit Hilfe von Machine Learning – das Team hatte ihn mit zahlreichen Igelbildern gefüttert – wurde er in die Lage versetzt, Igel zu detektieren. Wenn es dazu kommt, stellt er seine Arbeit vorübergehend ein. Sinnvoll wäre es an diesem Punkt, wenn er eine

Nachricht an den Besitzer senden würde. Ein Signalton wie bei LADYBIRD ist nur eingeschränkt zweckmäßig, weil beim Betrieb eines Rasenmähroboters – gerade bei größeren Flächen – nicht immer jemand in der Nähe ist. Im Prinzip kann HAPPY HEDGEHOG mit weiteren Tierbildern trainiert werden, etwa von Insekten, Vögeln und Säugetieren wie Füchsen – er würde zum HAPPY FOX.

Das Prinzip von HHH wurde von einem Teilnehmer eines Innovationswettbewerbs für junge Menschen in einem Prototyp umgesetzt und mit einem Preis bedacht (Bosch 2023). Erst wenige industrielle Modelle verwenden die Funktionen, obwohl die verfügbare Technik vorhanden und nicht zu kostspielig ist. Damit weniger Igel verletzt und getötet werden, werden Nachtfahrverbote und andere Regelungen erlassen. Der Tierschutzbund in Deutschland appellierte zudem – ganz im Geiste der Hersteller – an die Besitzer, die Geräte zu beaufsichtigen, was kaum zielführend ist.

Hintergrundinformation

In seinem Beitrag „**Passive, Active, and Proactive Systems and Machines** for the Protection and Preservation of Animals and Animal Species" von 2022 entwickelt Oliver Bendel eine Systematik für technische Systeme, die dem Schutz und der Bewahrung von Tieren und Tierarten dienen (Bendel 2022). Er unterscheidet dabei zwischen passiven, aktiven und proaktiven Ansätzen. Im Blick hat er vor allem Schutzgebiete, etwa bestehende oder ausgeweitete Naturreservate. Die Idee ist, dass der Mensch das Tier in Ruhe lässt, sich aber doch um es kümmert, wenn dazu eine Notwendigkeit besteht. Er zieht sich aus der Natur zurück, insbesondere dort, wo er ihr schadet – um sie über Roboter und Drohnen samt ihren Sensoren und Aktoren weiter zu erkunden und zu bewundern.

Passive Systeme sind auf Beobachtung und Dokumentation ausgelegt (Bendel 2022). Sie erfassen Tiere, melden ihre Position und liefern damit Daten für Forschung und Management, ohne das Verhalten der Tiere unmittelbar zu beeinflussen. Aktive Systeme reagieren hingegen direkt auf das Auftreten von Tieren. Sie können z.B. akustische oder visuelle Signale aussenden, um Tiere gezielt zu vertreiben, sodass Gefahren in der konkreten Situation abgewendet werden. Proaktive Systeme der Zukunft gehen noch einen Schritt weiter, indem sie tierische Bewegungen und mögliche Konflikte antizipieren. Sie sind in der Lage, Zonen zu sperren, alternative Routen festzulegen oder durch vorausschauende Steuerung das Aufeinandertreffen von Tieren und Maschinen ganz zu vermeiden.

Mit dieser Typologie wird deutlich, dass Tierschutztechnologien unterschiedliche Eingriffstiefen haben können, von der reinen Beobachtung bis zur aktiven und vorausschauenden Beeinflussung. Sie stellt damit ein theoretisches Raster dar, um bestehende und zukünftige Entwicklungen im Bereich der Tier-Maschine-Interaktion einzuordnen und vergleichbar zu machen (Bendel 2022). Zudem bietet das Konzept konkrete Ansätze für eine neue Form von Naturreservaten, in denen Maschinen und Tiere koexistieren; s. auch Nieusma (2021) und Figueroa (2025). Hier sind Übergänge zu biohybriden Systemen und der Tier-Roboter-Interaktion im speziellen Sinne zu erkennen.

3.6 Angsa-Roboter

Rasenreinigungsroboter sind dazu gedacht, Badeanstalten, Gärten oder Parks von Laub und kleinen Abfällen wie Zigarettenkippen oder Nahrungsresten zu befreien. Zugleich besteht hier das Risiko, dass sie Insekten oder andere Kleinst- oder Kleintiere verletzen, die sich im Gras oder auf der Erdoberfläche aufhalten. Von Angsa Robotics (https://angsa-robotics.com) wurde 2020 ein Konzept präsentiert, bei dem die Roboter mit Sensoren ausgestattet sind, die zwischen unbelebtem Material und Lebewesen unterscheiden können. Mithilfe optischer Verfahren, aber auch durch Gewichtssensoren an den Saug- oder Sammelmechanismen werden Insekten erkannt und verschont. Bei der Version von 2025 für Grau- und Grünflächen wird nicht mehr mit Tierfreundlichkeit geworben; laut Unternehmen besteht sie aber noch, da sich die Funktionalität nicht geändert hat.

Das Prinzip ist vergleichbar mit dem Insektenschutz von LADYBIRD und dem Igelschutz von HAPPY HEDGEHOG. Damit wird ein Bereich adressiert, der im Alltag leicht übersehen wird, der jedoch ökologische Tragweite besitzt: Insekten sind für Biodiversität und Nahrungsketten essenziell. Maschinen, die Rücksicht auf sie nehmen, können zu einem Bewusstseinswandel beitragen. Zudem ergibt sich mit dem Verkaufsargument der Tierfreundlichkeit ein wirtschaftlicher Mehrwert. Hervorzuheben ist, dass es sich um ein Produkt handelt.

3.7 ANIFACE (Gesichtserkennung bei Bären)

Im Jahre 2023 wurde an der Hochschule für Wirtschaft FHNW ein Konzept für ein Gesichtserkennungssystem für Bären in den Alpen (Bendel und Yürekkirmaz 2023) initiiert und skizziert, zunächst unter dem Namen ANIFACE (ein Akronym, das „Animal" und „Face" oder „Face Recognition" aufgreift). Ziel ist es, einzelne Tiere ohne implantierte bzw. am Körper getragene Chips oder Sender zu identifizieren und ihr Verhalten zu verfolgen. Wildtierkameras, Fotodrohnen und Bodenroboter liefern Bildmaterial, das durch ein neuronales Netz ausgewertet wird. Das System erkennt die Gesichter der Tiere – hier der Bären – und kann Bewegungsmuster vorhersagen. Eine Zentrale erhält eine entsprechende Information, wenn Gefahr im Verzug ist. Zusätzlich könnten Apps die Betroffenen direkt warnen. Auch Erkenntnisse von Byrne et al. (2020) sollten einbezogen werden, die sich der Überwachung des Wohlergehens von Bären in Gefangenschaft gewidmet haben, zudem von Kresnye et al. (2019) mit Blick auf das Opossum.

Der Nutzen liegt in der erhöhten Sicherheit für Tiere und Menschen. Wanderer, Anwohner, Behörden und Tierschutzorganisationen können besser einschätzen, wo sich Bären aufhalten (Bendel und Yürekkirmaz 2023). Gleichzeitig ist die Methode tierfreundlicher als „aggressive" und invasive Trackingverfahren (Wikelski 2024). Die Risiken liegen im möglichen Missbrauch durch Wilderei oder in der Störung durch Drohnen – gerade Bären reagieren empfindlich auf diese. Deshalb spielt in diesem Zusammenhang Ethics by Design eine große Rolle: Systeme müssen so konzipiert werden, dass Daten geschützt und Tiere nicht unnötig belastet werden.

3.8   Rehkitzrettung

Ein allgemein bekanntes Anwendungsbeispiel der Tier-Maschine-Interaktion ist die Rehkitzrettung durch Drohnen, die bereits Ende der 1990er-Jahre eingeführt wurde. In der Landwirtschaft besteht seit langem das Problem, dass Jungtiere beim Mähen von Wiesen und Feldern im hohen Gras verborgen bleiben und von den Maschinen schwer verletzt oder getötet werden. Um dies zu verhindern, werden Drohnen mit Wärmebildkameras eingesetzt. Vor dem Mähen überfliegen sie die Felder. Werden Tiere entdeckt, können Helfer sie sichern und aus der Gefahrenzone bringen, bevor die Mähmaschinen ihre Bahn ziehen.

In Deutschland hat das Deutsche Zentrum für Luft- und Raumfahrt (DLR) entsprechende Systeme erprobt und weiterentwickelt, während in der Schweiz verschiedene Initiativen wie Rehkitzrettung Schweiz (nationaler Verein), Fondation Sauvetage Faons Vaud (Kanton Waadt) und STS-Drohnenprojekt (Schweizer Tierschutz) in enger Kooperation zwischen Landwirten, Freiwilligen und Behörden ähnliche Verfahren anwenden. Die Drohnen sind technisch oft relativ einfach, doch ihre Wirkung ist beträchtlich: Sie bewahren das Leben vieler Jungtiere und tragen gleichzeitig dazu bei, die Akzeptanz der Landwirtschaft in der Öffentlichkeit zu stärken. Allein der Verein Rehkitzrettung Schweiz spricht auf seiner Website (https://www.rehkitzrettung.ch) von ca. 26.000 geretteten Rehkitzen.

3.9   DTBird

Windkraftanlagen stehen in der Kritik, weil Vögel und Fledermäuse durch Rotorblätter zu Schaden kommen. Dies gilt insbesondere, wenn die einzelnen Windräder zu eng zusammen oder in Durchzugsgebieten stehen. Forscher und Ingenieure haben deshalb Verfahren entwickelt, die Tiere schützen und die Energieproduktion sichern sollen. Anlagen werden mit Kamera- und Sensorsystemen ausgestattet, die einzelne Vögel und Schwärme in der Nähe erfassen. Bewegt sich ein Tier in den Gefahrenbereich, können sie die Rotorblätter abbremsen oder den Betrieb kurzzeitig einstellen. Ein Beispiel ist DTBird von Liquen Consultoría Ambiental (um 2009). Ergänzend kommen akustische oder visuelle Signale zum Einsatz, die Vögel aus der Gefahrenzone fernhalten.

In Deutschland und in anderen europäischen Ländern wie Spanien laufen Pilotprojekte, die zeigen, dass der Energieertrag durch diese Unterbrechungen nur geringfügig sinkt, während die Zahl der Kollisionen reduziert wird (Ferrer et al. 2022; Welz 2025). Es dauert immer noch zu lange, bis die Maschinen im Stillstand sind, doch in aktuellen Projekten bekommt man auch dieses Problem allmählich in den Griff. Nebenbei sind die Anlagen nützlich, weil einzelne Vögel und Schwärme erfasst, vermessen und gezählt werden können. Dies leistet potenziell einen Beitrag zum Artenschutz.

3.10 The Robodog Project

„The Robodog Project" (auch „Bao meets Pluto" genannt) an der Hochschule für Wirtschaft FHNW untersuchte im Jahre 2025, wie Haushunde auf einen robotischen Vierbeiner reagieren und wie Hundebesitzer die zunehmende Präsenz solcher Roboter in gemeinsam genutzten Räumen wahrnehmen, u. a. mit dem Ziel, mögliche Regulierungsansätze zu identifizieren. Zur Verfügung stand ein Unitree Go2 aus dem privaten Social Robots Lab von Oliver Bendel, von ihm Bao (chin. für „Schatz" oder „Juwel") genannt. Die Studie – explizit im Bereich der Tier-Maschine-Interaktion angesiedelt – wurde nach seinen Vorgaben von seiner Studentin Selina Rohr durchgeführt (Rohr 2025).

Erstens analysierte die Studentin das Verhalten von Hunden gegenüber unterschiedlichen Verhaltensweisen des Roboters, wie Stehen, Gehen und Springen (Rohr 2025). Dabei wurde in den Durchläufen sowohl der ursprüngliche Zustand als auch eine erweiterte Form mit Hundekopf aus dem 3D-Drucker (hergestellt und ausgeliehen von Norman Eskera, der das Projekt HighTechHundekorb verantwortet) verwendet. Zweitens untersuchte sie die Erwartungen und Bedenken sowie die Aufgeschlossenheit der Besitzer gegenüber Roboterhunden. Drittens wurde dargelegt, wie bestehende und künftige Vorschriften die sichere Integration von robotischen Vierbeinern leiten könnten.

Acht halbstrukturierte Interviews mit Besitzern erfassten Erwartungen und Bedenken vor den Tests (Rohr 2025). Anschließend wurden 12 Hunde in einer kontrollierten Umgebung in sechs einminütigen Phasen beobachtet. Zwischen ihnen und dem robotischen Vierbeiner war eine Barriere, sodass es zu keinen Attacken kommen konnte. Das Verhalten wurde mit BORIS (Behavioral Observation Research Interactive Software) videokodiert. Ein Experteninterview mit einer Biologin und Hundetrainerin lieferte zusätzlichen Kontext.

Die Ergebnisse zeigen, dass die Hunde im Allgemeinen vorsichtig, aber selten aggressiv waren (Rohr 2025). Neugier und Annäherungsversuche traten meist während der Bewegung des Roboters auf, während der hundeähnliche Kopf lediglich minimale Auswirkungen auf das Verhalten hatte. Die Vermeidung frontaler Annäherungen und Stressindikatoren wie Bellen und Verstecken deuten darauf hin, dass die Bewegung möglicherweise wichtiger ist als das Aussehen. Die Hunde suchten oft Rat bei ihren Besitzern, was den kaum messbaren, aber wichtigen Einfluss des Menschen unterstreicht.

Die Besitzer äußerten sich in bestimmten Kontexten vorsichtig offen, bevorzugten jedoch echte Hunde (Rohr 2025). Die Bedenken konzentrierten sich auf Sicherheit, Unvorhersehbarkeit, Haftung und Privatsphäre, wobei Vorschriften ähnlich denen für Drohnen unterstützt wurden, wie z. B. Bedienerschulungen, Sperrzonen und Geschwindigkeitsbegrenzungen sowie Haftpflichtversicherungen. Insgesamt bietet die nicht repräsentative Studie erste empirische Einblicke in Begegnungen zwischen Hunden und Robotern und hebt die Rolle von Bewegung, multimodalen Signalen, menschlicher Vermittlung und klaren regulatorischen Rahmenbedingungen für eine sichere und akzeptable Integration hervor.

3.11 Spy in the Wild

Berühmt geworden sind die animaloiden Roboter von John Downer, die sich seit ca. 2000 bei Tierdokumentationen in die Herden, Schwärme und Verbände wagen, um das perfekte Bild einzufangen. Sie werden flapsig als „Spione im Tierreich" („Spy in the Wild") bezeichnet. Sie können zum einen als soziale Roboter beschrieben werden, die unter Tiere gebracht werden, zum anderen als Mitglieder der Verbände selbst, eben mit dem Ziel, das Tierverhalten zu beobachten oder zu untersuchen (womit eher eine Nähe zu biohybriden Systemen und Tier-Roboter-Interaktion im speziellen Sinne besteht). Die Roboter mit Haut, Fell oder Panzer sind selbst aus der Nähe kaum von echten Tieren zu unterscheiden, wobei es mehr oder weniger geglückte Umsetzungen gibt. Oft erkennt man bei einem Blick in die Augen, dass etwas nicht stimmt – dort funkeln die Linsen der Kameras.

In den BBC-Filmen ergeben sich rührende Momente, etwa wenn Languren (eine Primatengattung aus der Gruppe der Schlankaffen) um einen vermeintlich verstorbenen Artgenossen trauern – dabei ist bei dem Roboter der Strom zur Neige gegangen oder eine Fehlfunktion entstanden (https://www.youtube.com/

watch?v=vaIH5tLmC8U). Die Roboter sind sowohl aus Sicht von Tierethik und Tierschutz interessant, da die Beobachtung i. d. R. schonend vonstattengeht, als auch aus Sicht der Wirtschaft, da sie zum Erfolg der Dokumentarfilme beitragen. Getestet werden konnten sie von Melo et al. (2023).

3.12 Akustische Schnittstellen und Musikprojekte

Schließlich existieren Projekte, die Klänge nutzen. Gupfinger und Kaltenbrunner (2018) entwickelten Instrumente und Interfaces, mit denen Tiere Musik machen oder auf Klänge reagieren können. Diskutiert wurde, wie die Einführung neuartiger Musikinstrumente und Schnittstellen neue Möglichkeiten zur Verbesserung der Lebensqualität von in Gefangenschaft lebenden Graupapageien bieten könnte.

Solche Projekte liegen im Überschneidungsbereich von Kunst, Forschung und Tierschutz – wie bei den Experimenten von Marc Böhlen. Für die TMI sind sie bedeutsam, weil sie zeigen, wie akustische Signale in maschinelles Verhalten integriert werden können, etwa zur Vergrämung oder, wie in dieser Ausrichtung, zur Beruhigung, Betätigung und Unterhaltung. Diese und die anderen Projekte sind in Tab. 3.1 aufgelistet.

Tab. 3.1 Projekte der Tier-Maschine-Interaktion

Projekt	Jahr	Tierart(en)	Maschinentyp	Ziel/Nutzen	Interaktionsform
Robocar	2013–2016	Kleintiere	Fahrerassistenzsysteme und Roboterautos	Verschonen von Lebewesen im Verkehr	Aktiv, ausweichend
Die tierfreundliche Drohne	2015	Vögel	Fotodrohnen	Verschonen von Lebewesen in der Wildnis	Aktiv, ausweichend
Wildlife Vehicle Collision Avoidance System	2011	Rotwild	Fahrerassistenzsysteme	Verschonen von Lebewesen im Verkehr	Aktiv, warnend
LADYBIRD	2017	Insekten, Kleintiere	Haushaltsroboter (Saugroboter)	Verschonen von Lebewesen im Haushalt	Aktiv, innehaltend
HAPPY HEDGEHOG	2019	Igel	Mähroboter	Vermeidung von Verletzungen	Aktiv, innehaltend
Angsa-Roboter	2020	Insekten	Haushalts-/Gartenroboter	Schutz von Insekten, Biodiversität	Aktiv, ausweichend
ANIFACE	2022/23	Braunbären	Kameras, Drohnen, Roboter	Individuen-Tracking, Sicherheit	Aktiv, mediatisiert
Rehkitzrettung	seit 1999	Rehkitze	Drohnen mit Wärmebildkamera	Schutz vor Mähmaschinen	Aktiv, Luftsuche
DTBird	seit 2009	Vögel, Fledermäuse	Windkraftanlagen mit Sensorik	Vermeidung von Kollisionen	Aktiv, Abschaltung
The Robodog Project	2025	Haushunde	Robotische Vierbeiner	Akzeptanz im urbanen Raum	Sozial, geplant
Spy in the Wild	Seit 2000	Wildtiere	Roboter mit Kameras	Beobachtung, Dokumentation	Aktiv, mediatisiert
Akustische Schnittstellen	2018	Variabel	Musikinstrumente, Audiosysteme	Enrichment, Kommunikation, Stressreduktion	Sozial, akustisch

Wirtschaftliche Bedeutung der Tier-Maschine-Interaktion

4

Inhaltsverzeichnis

In diesem Kapitel wird die wirtschaftliche Bedeutung der Tier-Maschine-Interaktion untersucht. Sie wurde bereits bei den einzelnen Beispielen angedeutet. Hier muss nochmals festgestellt werden, dass mehrheitlich Prototypen und nicht Produkte vorhanden sind. Es gibt also in dieser Hinsicht noch viel Handlungs- und Gestaltungsspielraum. Dabei stehen keineswegs durchwegs Patente oder Rechte entgegen – viele der Inventionen, die darauf warten, Innovationen zu werden, sind ganz bewusst zum hürdenfreien und kostengünstigen Nachbau empfohlen und freigegeben.

O. Bendel, *Tier-Maschine-Interaktion*, essentials,
https://doi.org/10.1007/978-3-658-50921-7_4

"

4.1   Akzeptanz und Reputation

In Ballungsgebieten begegnen sich Menschen, Tiere und Maschinen zu jeder Zeit und auf engem Raum. Sicherheitsroboter, Transport- und Lieferroboter sowie Reinigungsroboter bewegen sich durch Straßen, über Plätze und in Gebäuden, wo Hunde, Katzen, Tauben und Füchse unterwegs sind, mehr und mehr auch Waschbären und andere Wildtiere, die zurückgekehrt oder eingewandert sind (Bendel 2020a). Sogar in der freien Natur kommt es zunehmend zu einem Miteinander von Tier und Maschine und zu Begegnungen, wenn man an Drohnen und Maschinen im Forstwesen denkt. Nicht zuletzt teilen Haustiere ihren Lebensraum mit sozialen Robotern und Servicerobotern in Haushalten und Gartenanlagen (Bendel 2025a). Werden Tiere gestört oder verletzt, führt dies nicht nur zu individuellen Beeinträchtigungen, sondern auch zu Akzeptanzproblemen und Reputationsschäden, die die Marktfähigkeit ganzer Produktlinien gefährden können. Das zeigte sich bereits bei Servicerobotern, die von Katzen gemieden oder von Hunden angebellt wurden – so zu sehen in Videos in sozialen Medien. Unternehmen, die tierfreundliche Gestaltung berücksichtigen, etwa indem sie Tiererkennung in Staubsaug-, Rasenmäh- und Rasenreinigungsroboter einbauen, dienen damit dem Tierschutz und sichern sich zugleich das Vertrauen der Benutzer und die Loyalität der Konsumenten.

4.2   Neue Märkte und Geschäftsmodelle

Die Entwicklung tierfreundlicher Maschinen und überhaupt an Tiere angepasster Systeme eröffnet neue Märkte. Drohnenflüge, die für die Rehkitzrettung optimiert sind, werden zunehmend nachgefragt, vor allem von Landwirten, die Betriebsausfälle und Schockmomente vermeiden wollen. Der Verein Rehkitzrettung Schweiz bietet für sie kostenlose Rehkitzrettungsflüge an, wobei er sich über Spenden finanziert. Autonome Fahrzeuge mit Sensoren und Algorithmen zur Tiererkennung gewinnen einen Wettbewerbsvorteil, weil sie Unfälle verhindern und damit Folgekosten vermeiden. Dabei hat die Industrie große Tiere im Blick, doch vielleicht entdeckt sie daneben kleine oder seltene Tiere, die im Straßenverkehr ja durchaus – wenn auch wenig effektiv, wenn man an die Warnschilder denkt – bedacht werden (Bendel 2013b). Adaptive Windkraftanlagen nehmen Kritikern den Wind aus den Segeln, indem sie das (oft übertriebene) Risiko von Kollisionen der Rotorblätter mit Vögeln oder Fledermäusen verringern. Auf diese Weise entstehen hybride Geschäftsmodelle, die ethische mit wirtschaftlichen Faktoren verbinden.

4.3   Internationale Märkte und globale Perspektiven

Die Tier-Maschine-Interaktion kann auf internationalen Märkten eine Rolle spielen. In manchen Ländern – wie in Deutschland, in Österreich oder in der Schweiz – ist der Tierschutz bereits fest verankert (Bundesamt für Justiz 2022), wenngleich in der Praxis weiterhin Tiere gequält und getötet werden, nicht zuletzt für Fleisch- und Lederherstellung, die in weiten Teilen der Bevölkerung als Selbstverständlichkeit und Normalfall angesehen werden. Märkte wie Asien – Indien bildet teilweise eine Ausnahme – oder Südamerika beweisen erst nach und nach eine entsprechende Sensibilität. Unternehmen, die global agieren, müssen unterschiedliche regulatorische und kulturelle Kontexte berücksichtigen. Daraus ergeben sich Exportchancen, aber auch Anpassungskosten. Mit der TMI zusammenhängende Aktivitäten können so zum Differenzierungsmerkmal im globalen Wettbewerb werden.

4.4   Betriebsausfälle und Schäden

Betriebsausfälle durch Kollisionen mit Tieren sind ein beträchtlicher Wirtschaftsfaktor. Auf den oberen Rängen sind Luftfahrt und Straßenverkehr (Allan und Orosz 2001; Grilo et al. 2025). Maschinen können zudem durch Wildtiere im Feld und im Wald blockiert, durch Wild- und Haustiere an der Fortbewegung gehindert, durch Vogelschlag beschädigt bzw. ausgeschaltet oder durch tierische Bestandteile und Verunreinigungen funktionsuntüchtig werden. Solche Vorfälle verursachen direkte Reparaturkosten, Opportunitätskosten durch Stillstand und Ertragsausfälle. Systeme, die Tiere zuverlässig erkennen und darauf reagieren, reduzieren diese Risiken erheblich und steigern die Wirtschaftlichkeit. Die Entwicklung und die Implementierung solcher Systeme sind daher nicht nur aus ethischen, sondern auch aus betriebswirtschaftlichen Gründen geboten. Zugleich ist darauf zu achten, wie bei Windkraftanlagen, dass der Betrieb nicht durch zu häufige oder ungemessene Reaktionen limitiert und dadurch unrentabel wird. Auch Fahrerassistenzsysteme und Roboterautos sollten auf Kleintiere in der Zukunft nicht zu scharf reagieren (Bendel 2016a).

4.5   Politische und rechtliche Aspekte

Vorhandene und fehlende politische und rechtliche Rahmenbedingungen beeinflussen die ökonomische Bedeutung der TMI. Tierschutzgesetze, Vorschriften zur ökologischen Landwirtschaft oder zur nachhaltigen Energieerzeugung schaffen

Anreize für Innovationen, die im besten Falle tierfreundlich gestaltet sind (Bundesamt für Justiz 2022). Förderprogramme und Zertifizierungen beschleunigen deren Entwicklung. Unternehmen, die frühzeitig investieren, sichern sich Wettbewerbsvorteile und Marktanteile. Dabei geht es nicht allein um Compliance, sondern auch um strategische Positionierung: Firmen, die TMI ernst nehmen, werden als Vorreiter wahrgenommen, was ihre Verhandlungsposition gegenüber Regulatoren und Investoren stärkt. Unsicherheit besteht in Bezug auf autonome Systeme und Maschinen, deren Präsenz im öffentlichen Raum nicht immer klar geregelt ist. In Zürich nahm man einen robotischen Vierbeiner, der Speisen lieferte, aus dem Verkehr, weil er vom zuständigen Bundesamt als Straßenfahrzeug eingestuft wurde (Bitoun und Meyer 2025). Die Tierverträglichkeit war dabei nicht einmal ein Thema.

4.6   Haftungs- und Versicherungsfragen

Wenn Maschinen mit Tieren zusammentreffen, können Verletzungen und Beschädigungen entstehen (Bendel 2025a). Auch Unfälle mit Todesfolge sind möglich. Es stellen sich Verantwortungs- und Haftungsfragen sowie Fragen in Bezug auf die Versicherung. Wer ist verantwortlich und wer haftet, wenn Wild- oder Nutztiere auf der Flucht vor einer ferngesteuerten oder autonomen Drohne verunglücken? Welche Schäden sind gedeckt bei einer Auseinandersetzung zwischen einem robotischen Vierbeiner und einem Haustier? Versicherungsunternehmen haben ein Interesse daran, dass durch regulatorische Maßnahmen und implementierte Regeln bestimmte Risiken minimiert werden. Das macht neue Versicherungsprodukte denkbar, in denen der Nachweis tierfreundlicher Systeme zu günstigeren Prämien führen könnte. TMI wirkt so als indirekter Kostenfaktor und als Innovationsimpuls für den Versicherungsmarkt.

4.7   Standardisierung, Labeling und Zertifizierung

Labels und Zertifizierungen könnten bei tierfreundlichen Maschinen eine Wirkung entfalten. Ein Vorbild sind Bioprodukte, Fair-trade-Produkte sowie nachhaltige und umweltfreundliche Technologien (Janssen und Hamm 2012). Bereits etabliert sind „Für mehr Tierschutz" (Deutscher Tierschutzbund) und „Animal Welfare Approved" (Neuseeland) oder „RSPCA Assured" (UK), jeweils ohne Technikbezug. Nationale und internationale Normungsorganisationen könnten Kriterien entwickeln, die Hersteller verpflichten, die Berücksichtigung von Tieren in Design und Produktion nachzuweisen. Dabei ist über Begriffe wie „Tierwohl", die selbst von

Schlachtbetrieben verwendet werden, hinauszugehen, und ein echter Tierschutz anzustreben – mit anderen Worten, es sind Tierinteressen zu berücksichtigen. Für Unternehmen bedeutet dies zusätzliche Kosten in der Entwicklung, aber langfristig Vorteile durch höhere Marktakzeptanz und Verortung im Premiumsegment. Standardisierung, Labeling und Zertifizierung sind selbst ein Markt und eröffnen neue Geschäftsfelder.

4.8   CSR und ESG

Eine Bedeutung könnte TMI für Corporate Social Responsibility (CSR) und Environmental, Social und Governance (ESG) – im Deutschen „Umwelt, Soziales und Unternehmensführung" – entfalten (Bendel 2019a). Unternehmen, die Tieren systematisch helfen und sie schützen, könnten dies in ihren Nachhaltigkeitsberichten hervorheben und so Investoren ansprechen, die Wert auf ökologische und soziale Verantwortung legen. Tierfreundliche Maschinen lassen sich als Teil einer umfassenden ESG-Strategie positionieren, insbesondere wenn es sich um bedrohte Arten oder für die Ökosysteme wichtige Lebewesen handelt. Damit wird TMI nicht nur ein technisches und ethisches Thema, sondern auch ein Mittel, um Kapitalmärkte zu überzeugen und die Finanzierung zu sichern.

▶ **Definition** „**Corporate Social Responsibility**" (CSR) kann mit „Unternehmensverantwortung" übersetzt werden. Es handelt sich um einen zentralen Begriff der Wirtschaftsethik, genauer der Unternehmensethik. CSR ist kein Managementkonzept, sondern ein Leitgedanke. IT-Firmen müssen, in Kongruenz mit der Corporate Governance, Verantwortung wahrnehmen mit Blick auf die Produktion von Geräten, den Betrieb von Rechenzentren, die Datenverarbeitung, -sammlung und -verwertung sowie das Verhalten von und gegenüber Menschen und Tieren (Bendel 2019a).

Perspektiven und Verfahren für die Umsetzung   5

Inhaltsverzeichnis

In diesem Kapitel werden Perspektiven und Verfahren sowie Leitfragen für die Entwicklung von Maschinen im Kontext der TMI vorgestellt. Daneben spielen bestehende rechtliche und technische Standards und Normen eine Rolle. Der Schwerpunkt liegt insgesamt auf der Gestaltung von tierfreundlichen Systemen und Maschinen. Es dreht sich also darum, Projekte so umzusetzen, dass Tiere weder gestört noch geschädigt und ihre Interessen berücksichtigt werden, etwa ihr Überleben und Wohlbefinden. Entwickler und Unternehmen, die diesen Anspruch frühzeitig aufnehmen, profitieren in doppelter Weise: Sie sichern die Akzeptanz ihrer Artefakte und Produkte und vermeiden gleichzeitig Kosten durch Fehlentwicklungen oder Reputationsschäden.

© Der/die Autor(en), exklusiv lizenziert an Springer Fachmedien
Wiesbaden GmbH, ein Teil von Springer Nature 2026
O. Bendel, *Tier-Maschine-Interaktion*, essentials,
https://doi.org/10.1007/978-3-658-50921-7_5

5.1   Leitfragen für die Entwicklung

Ein Projekt im Kontext der TMI sollte mit einer Klärung des Hintergrunds und des Zwecks beginnen. Eine Melkmaschine etwa ist gezielt für die Interaktion mit Nutztieren entworfen, während ein autonomes Fahrzeug mehr oder weniger zufällig auf Haus- und Wildtiere trifft. Von diesen Unterschieden hängt ab, in welcher Weise tierfreundliche Prinzipien in die Entwicklung einfließen müssen.

Zur Vorbereitung von Entscheidungen und Entwicklungen lassen sich u. a. folgende Leitfragen formulieren:

1. Kontext und Zielsetzung
   - Welchen Zweck verfolgt der Einsatz der Maschine im Hinblick auf Tiere und ihre Umgebung bzw. ihren Lebensraum?
   - Für welche Tierarten, Altersstufen und Situationen ist die Maschine relevant, und welche besonderen Gegebenheiten (Sinnesleistungen, Stressreaktionen, Schutzstatus) sind zu berücksichtigen?
   - In welchen Umgebungen und Lebensräumen (Haushalt, Landwirtschaft, Straßenverkehr, Schutzgebiet; Boden, Wasser, Luft) wird die Maschine eingesetzt?
2. Maschinentyp, Autonomiegrad und Anpassbarkeit
   - Ist die Maschine in Form und Funktion festgelegt oder kann man sie anpassen (Module, Updates, Parameter)?
   - Ist die Maschine direkt gesteuert, ferngesteuert, teilautonom oder autonom, und welche Entscheidungsbefugnisse hat sie im Kontakt mit Tieren?
   - Verfügt die Maschine über Machine-Learning-Ansätze, und wie wird verhindert, dass ihr Lernen zu tierschädlichem Verhalten führt?
3. Begegnungsszenarien und Interaktionsformen
   - Welche Formen des Zusammentreffens sind zu erwarten (zufällig oder geplant; kooperativ, kollaborativ oder konfliktär; mediatisiert; sozial; passiv, aktiv oder proaktiv)?
   - Wie häufig und wie lange kommt es typischerweise zu Begegnungen, und in welcher Distanz?
   - Kann und soll man die Tiere bei der Begegnung quantifizieren und qualifizieren (Art, Individuum, Alter, Gesundheit) und auf welcher ethischen und rechtlichen Grundlage?
4. Risiken, Schutzmechanismen und Animal-Centered Design
   - Werden die Tiere potenziell gestört, gestresst, erschreckt, verletzt oder getötet (direkt oder indirekt, z. B. durch Lärm, Licht, Emissionen)?

- Welche technischen Mittel (Sensorik, Aktorik, Software, Moralmodule) verhindern oder minimieren diese Risiken?
- Welche organisatorischen oder strukturellen Mittel (Nutzungsregeln, Begrenzungen, Zeitfenster, Schulungen) können Tiere zusätzlich schützen und unterstützen?
- Inwiefern sind Gestaltung und Verhalten der Maschine an Wahrnehmung und Bedürfnisse der betroffenen Tierarten angepasst (Lautstärke, Frequenzen, Bewegungen, Farben)?
- Wie wird mit Situationen umgegangen, in denen der Schutz von Tieren mit menschlichen Interessen (Sicherheit, Effektivität, Effizienz) kollidiert, und existieren dokumentierte Prioritäten oder Abwägungsregeln?

5. Recht, Ethik, Wirtschaftlichkeit und Daten
   - Welche rechtlichen Rahmenbedingungen (Tierschutzrecht, Naturschutzrecht, Maschinenrichtlinien, KI-Regulierung) sind relevant, und wie wird ihre Einhaltung nachgewiesen?
   - Wer trägt Verantwortung und übernimmt Haftung bei Verletzungen und Tötungen von Tieren (Hersteller, Betreiber, Nutzer), und wie wird dies vertraglich und versicherungstechnisch geregelt?
   - Welche Rolle spielen wirtschaftliche Interessen, und wie lassen sich diese mit Tierschutz und Tierinteressen verbinden, ohne diese zu instrumentalisieren?
   - Werden Daten über Tiere erhoben (Tracking, Identifizierung, Verhaltensanalyse), und wie wird Missbrauch verhindert (z. B. Wilderei, invasive Überwachung)?

6. Alternativen, Lebenszyklus und Evaluation
   - Gibt es alternative Verfahren oder Technologien, die tierschonender wären, und wurden oder werden sie systematisch geprüft?
   - Wie wirken sich Herstellung, Betrieb, Wartung und Entsorgung der Maschine auf Tiere und Ökosysteme aus (Ressourcen, Flächenverbrauch, Emissionen)?
   - Welche Indikatoren und Verfahren werden genutzt, um die Wirkungen der Maschine auf Tiere kontinuierlich zu evaluieren (Monitoring, Audits, Adaption nach Vorfällen)?
   - Wie wird sichergestellt, dass Erfahrungen aus Praxis und Forschung (Verhaltensbiologie, Tiermedizin, Tierschutz, TMI oder TCI) in Updates und Nachfolgeversionen einfließen?

Diese Leitfragen dienen der Orientierung, um mögliche Konflikte und Potenziale zu erkennen. Sie helfen überdies, Prioritäten zu setzen: Manche Maschinen erfordern hochentwickelte Moralmodule, etwa auf der Basis von annotierten Entscheidungsbäumen oder von Moralmenüs, bei anderen reicht es, bestimmte Risiken auszuschließen. Dies kann bei Fahrzeugen auch in einer Geschwindigkeitsreduktion bestehen, ob durch ein geändertes Verhalten, eine geltende Vorschrift oder einen technischen Eingriff.

5.2   Maschinenethik und Ethics by Design

Einige der ersten tierfreundlichen Maschinen sind aus der Maschinenethik heraus entstanden (Bendel 2019b). Es handelt sich um eine Disziplin, die die TMI insbesondere bei der Gestaltung teilautonomer und autonomer Maschinen begleiten kann. Ihre Besonderheit ist, dass sie nicht nur – wie klassische Bereichsethiken – reflektiert, sondern auch (zusammen mit KI und Robotik) implementiert. In diesem Zusammenhang pflanzt sie moralische Regeln, die Tiere betreffen, in die Maschinen ein, wobei man sich an Metaregeln oder Prinzipien orientieren kann. In der Tier-Maschine-Interaktion bedeutet das etwa, dass ein Roboter automatisch anhält, wenn er ein Tier erkennt, um es zu schützen (Bendel 2015a, 2018). Helfen können bei der Planung bzw. Umsetzung annotierte Entscheidungsbäume oder Moralmenüs, z. B. als Teil von Moralmodulen (Bendel 2016a; Bendel und Heimann 2023). Im vorliegenden Kontext sind die Leitfragen, die oben formuliert wurden, zu berücksichtigen. Sie klären u. a. die technischen und funktionalen Voraussetzungen ab.

Bei Ethics by Design werden schon im Planungs- und Entwicklungsprozess moralische Fragen systematisch reflektiert (WEF 2020). Ingenieure und Entwickler müssen sich also fragen, wie ihre Entscheidungen das Verhalten von Maschinen gegenüber Tieren beeinflussen. Dadurch lassen sich Fehlentwicklungen vermeiden, bevor sie kostspielig werden oder auf Widerstand stoßen. Ethics by Design kann Vorarbeit zur Maschinenethik leisten oder unabhängig davon sein. Im vorliegenden Zusammenhang sind wiederum die Leitfragen einzubeziehen. Sie können für den Prozess wesentlich erweitert werden. Zudem können sie um weitere ethische Aspekte ergänzt werden. Eine Frage wie „Kann und soll man die Tiere bei der Begegnung quantifizieren und qualifizieren …" ist innerhalb eines Projekts zu konkretisieren. Dabei kann man die Begriffe und Methoden von Informationsethik (mitsamt KI-Ethik) und Roboterethik anwenden. Die Ergebnisse werden dann gegebenenfalls von der Maschinenethik aufbereitet und in den Maschinen umgesetzt. Ethics by Design ist insgesamt entwicklerzentriert.

5.3   Animal-Centered Design

Über Human-Centered AI und Human-Centered Robotics hinaus wird zunehmend ein Animal-Centered Design bzw. eine Animal-Centered Technology gefordert (Mancini et al. 2022; Mancini und Nannoni 2023; Mancini 2025; mit kritischer Reflexion s. Van der Linden 2022). Maschinen sollen nicht nur nach den Interessen von Menschen, sondern auch nach denjenigen von Tieren gestaltet werden, etwa in Bezug auf ihr Überleben und Wohlbefinden. Dabei mögen sie im Einzelfall gegen die Interessen von Menschen verstoßen, wobei eine Interessenabwägung erfolgen und ein für alle Lebewesen befriedigendes Miteinander angestrebt werden soll. Animal-Centered Design ist insgesamt benutzerzentriert, mit der Besonderheit, dass hier Tiere die Benutzer sind.

Das Aussehen und die Bewegungsabläufe von robotischen Vierbeinern werden z. B. so gestaltet, dass sie von Hunden nicht als Bedrohung empfunden werden (Rohr 2025). So sollten Sprünge von ihnen in unmittelbarer Nähe vermieden werden. Akustische Signale können Frequenzen aufweisen, die für Tiere klar hörbar bzw. angenehm sind, Menschen jedoch kaum stören. Auch visuelle Signale wie bestimmte Farben oder Lichtmuster können so gewählt werden, dass sie Tiere leiten oder warnen, ohne sie zu verschrecken oder zu beeinträchtigen.

Ein tierzentrierter Ansatz (Animal-Centered Approach) verlangt damit nicht nur technisches Wissen, sondern auch Kenntnisse in (Verhaltens-)Biologie, Tierpsychologie, Tiermedizin und Tierethik. Es ist daher ein interdisziplinäres Herangehen erforderlich. Erfahrungen aus der Praxis sind ebenso wertvoll, etwa von Tierhaltern oder Tierschützern. Es handelt sich um eine schwierige, nicht immer mögliche Aufgabe: Der Mensch muss in die Haut des Tiers schlüpfen, ob diese weich, verhornt oder verdickt ist, er muss versuchen, mit dessen Augen zu sehen und mit dessen Nase zu riechen, falls diese Sinnesorgane überhaupt vorhanden sind.

5.4   Anschluss an Standards und Regulierungen

Ein Projekt in der TMI hat sich nach Standards, Normen und Verordnungen zu richten. Die EU-KI-Verordnung (EU AI Act) verlangt risikobasierte Anforderungen an Datenqualität, Transparenz und Monitoring. TMI-Kriterien (z. B. Tiererkennung, Gefahrenvermeidung, Protokollierung von Tierereignissen) lassen sich als domänenspezifische Controls in diese Prozesse integrieren. Für Robotik bieten ISO-Normen wie ISO 13482 (Sicherheitsanforderungen für personenbezogene Serviceroboter), ISO 10218 (Sicherheit von Industrierobotern), ISO 8373 (Begriffe und Definitionen) und ISO 12100 (Sicherheit, Risikobeurteilung) sowie – im Agrarbereich – ISO 18497 (Gestaltung und Sicherheit hochautomatisierter Landmaschinen) klare Anknüpfungspunkte. TMI-Designziele werden mit Blick auf tierbezogene Gefährdungen in die normgerechte Risikobeurteilung aufgenommen und in Validierung bzw. Verifikation nachweisbar gemacht. So entstehen kompatible, auditierbare Nachweise für tierfreundliche Maschinen.

5.5 Institutionelle Verankerung

Die Tier-Maschine-Interaktion könnte künftig in Forschung und Bildung gezielt verankert werden, etwa durch interdisziplinäre Lehrstühle und Forschungsnetzwerke oder spezialisierte Förderprogramme. An Fachhochschulen und Universitäten ließe sich das Forschungsfeld als Schnittstelle zwischen Informatik, Tierwissenschaften, Robotik und Ethik etablieren (Bendel 2024). Nationale und internationale Förderinitiativen könnten Projekte unterstützen, die tierfreundliche Technik entwickeln oder prüfen. Langfristig wäre auch ein nationales Kompetenzzentrum denkbar, das Standards, Leitlinien und Best-Practice-Beispiele zur tiergerechten Maschinengestaltung bündelt. Bereits heute sind spezialisierte Einrichtungen wie das Animal-Computer Interaction Lab (School of Computing and Communications, The Open University) mit Clara Mancini tätig.

5.6 Verfahren der Praxis

Maschinenethik, Ethics by Design und Animal-Centered Design bieten Ansätze, die auf die künstliche Moral (der Maschinen) oder die natürliche Moral (der Entwickler) abzielen bzw. das Tier als Objekt der Moral im Blick haben. Daneben gibt es grundsätzliche (z. T. bereits erwähnte) Verfahren:

- Risikoanalysen helfen, systematisch vorherzusehen, in welchen Szenarien Tiere und Maschinen zusammentreffen könnten und welche Folgen dies hätte.
- Simulationen machen es möglich, Verhaltensweisen von Tieren unter verschiedenen Bedingungen zu testen und Rückschlüsse auf die Maschinen zu ziehen.
- Prototypenversuche in kontrollierten Umgebungen liefern Erkenntnisse darüber, wie Tiere auf Bewegungen, Geräusche oder Formen reagieren und die Maschinen zu gestalten sind.

- Schließlich sind Evaluationen wichtig, die nicht nur Effektivität und Effizienz in der Kernaufgabe, sondern auch die Interessen von Tieren und die Akzeptanz der Gesellschaft berücksichtigen.

Diese Verfahren lassen sich kombinieren. So können Simulationen erste Annahmen prüfen, Versuche und Tests mit Prototypen verfeinern die Ergebnisse, und Evaluationen unter realen Bedingungen führen zur Marktreife. Je strukturierter dieser Prozess abläuft, desto höher sind die Chancen, dass Maschinen als Produkte sowohl wirtschaftlich erfolgreich als auch tierfreundlich sind.

5.7   Perspektiven für die Umsetzung

Die Perspektiven für die Umsetzung reichen von Anpassungen bestehender Installationen – wie Abschaltmechanismen für Windkraftanlagen – über speziell gestaltete Systeme wie Fütter- und Pflegeroboter für Tiere (Kasuga und Ikeda 2020) oder Boote und Schiffe, die von Orkas verschont werden, bis hin zu visionären Projekten, in denen Tiere und Maschinen in symbiotischen Beziehungen zusammenwirken (Halloy et al. 2013; Bendel 2022). Denkbar sind Roboterschwärme, die sich in Tiergruppen integrieren, um deren Verhalten zu ihrem Nutzen zu beeinflussen, Assistenzsysteme, die Haus- und Wildtiere in Städten sicher durch Straßen und zurück in Gebäude oder in die freie Natur lotsen, und kooperierende bzw. kollaborierende Roboter und Drohnen, die in Naturreservaten nach dem Rechten sehen, während sich der Mensch zurückzieht. Dies wäre das Zeitalter der proaktiven Maschinen, das nicht alle herbeisehnen werden.

Langfristig könnte die Tier-Maschine-Interaktion zu einer Referenz oder sogar zu einem Standard der Technikgestaltung werden, ähnlich wie heute Barrierefreiheit oder Nachhaltigkeit. Maschinen würden dann systematisch so konzipiert, dass sie mit Interessen von Tieren wie Überleben und Wohlbefinden kompatibel sind, statt Kontakte mit Tieren als Nebeneffekt oder Kollateralschaden zu behandeln (Wolf 2012). Damit trägt die TMI zusammen mit den klassischen Bereichsethiken und der Maschinenethik nicht nur zum Schutz von Tieren bei, sondern eröffnet zugleich neue Innovationsfelder, die Märkte, Politik und Gesellschaft nachhaltig prägen können.

Zusammenfassung und Ausblick 6

Die Tier-Maschine-Interaktion hat sich von einem Nischenthema um das Jahr 2000 zu einem eigenständigen Forschungs- und Anwendungsfeld entwickelt und macht sich auf, zur selbstständigen Disziplin neben der Tier-Computer-Interaktion zu werden, mit der sie freilich Überschneidungen hat. Sie befasst sich damit, wie Tiere mit Maschinen zusammentreffen, interagieren und kommunizieren – und wie diese so gestaltet werden können, dass sie die Interessen der Tiere respektieren oder sogar aktiv fördern, indem sie z. B. ihr Überleben sichern und Wohlbefinden herstellen. Dabei geht es nicht um idealistische Wünsche und aktivistische Ziele, sondern um konkrete Herausforderungen, die sich aus dem zunehmenden Einsatz von Technologien – mehr und mehr teilautonomer oder autonomer Systeme – im Alltag und in der Wirtschaft ergeben.

Die Analyse in diesem Buch hat gezeigt, dass die TMI in ganz unterschiedlichen Bereichen relevant ist. In der Landwirtschaft prägen Maschinen seit langer Zeit das Leben von Nutztieren. Heute werden Melkroboter und Fütterungsanlagen eingesetzt, die nicht nur Effektivität und Effizienz, sondern genauso den Interessen der Tiere dienen können (wobei man die Haltung an sich beanstanden kann). Teilautonome und autonome Fahrzeuge, Drohnen und Serviceroboter führen zu neuen Möglichkeiten für Transport, Überwachung und Schutz, aber auch zu Risiken, wenn Tiere nicht zuverlässig erkannt und berücksichtigt werden. Soziale Roboter wiederum bringen das Thema in die Häuser und Gärten: Sie interagieren mit Haustieren (zuweilen mit Wildtieren), und ihre Gestaltung entscheidet über Zustimmung oder Ablehnung bei allen Betroffenen. Großtechnische Systeme wie Windkraftanlagen verdeutlichen schließlich die Herausforderungen, die entstehen, wenn Tiere mit massenhaften, weithin verteilten Maschinen konfrontiert werden.

O. Bendel, *Tier-Maschine-Interaktion*, essentials, https://doi.org/10.1007/978-3-658-50921-7_6

In wirtschaftlicher Hinsicht ist die Bedeutung der TMI nicht zu unterschätzen. Maschinen, die Tiere verschrecken, verletzen oder töten, verursachen nicht bloß moralische Probleme, sondern auch Kosten, etwa durch Betriebsausfälle, Reparaturbedarfe und Imageschäden. Tierfreundliche Technologien hingegen eröffnen neue Märkte, steigern die Akzeptanz bei Konsumenten und schaffen Wettbewerbsvorteile durch Labels und Zertifizierungen. Unternehmen, die frühzeitig in TMI investieren, positionieren sich als Vorreiter in einem Feld, das sich zunehmend zu einem strategischen Wirtschaftsfaktor entwickelt. Dabei wird deutlich, dass tierschützerische und ökonomische Interessen keine Gegensätze sein müssen, sondern sich vielfach gegenseitig verstärken können.

Für Wissenschaft und Politik ergeben sich daraus zentrale Perspektiven. Die TMI ist ein Feld, das Technikphilosophie (mitsamt ihren Teilbereichen) mit Robotik- und KI-Forschung verbindet. Sie erfordert interdisziplinäre Zusammenarbeit: Ingenieurwissenschaften (u. a. der Maschinenbau und die Robotik) und Informatik liefern die technischen Grundlagen, Maschinenethik und Ethics by Design helfen bei der Umsetzung, Informationsethik, Roboterethik und Tierethik reflektieren die normativen Dimensionen, während (Verhaltens-)Biologie, Tierpsychologie, Tiermedizin etc. das notwendige Wissen über Tiere einbringen. Politisch geht es darum, Rahmenbedingungen zu schaffen, die Innovation ermöglichen, ohne den Tierschutz zu vernachlässigen. Förderprogramme, Zertifizierungssysteme und klare rechtliche Vorgaben können hier entscheidende Impulse geben.

Grundsätzlich darf nicht vergessen werden, dass Tierethik und -schutz im Zentrum einer normativ verstandenen TMI stehen. Wirtschaftliche, wissenschaftliche und politische Erwägungen dürfen diese Dimensionen nicht überlagern, sondern müssen mit ihnen im Einklang stehen. Deshalb braucht es nicht allein eine Human-Centered AI und Human-Centered Robotics, sondern ebenso eine Animal-Centered AI und Robotics, es braucht ein Animal-Centered Design, das die Interessen nichtmenschlicher Lebewesen berücksichtigt und systematisch in technische Systeme integriert. Dabei spielen wiederum Maschinenethik und Ethics by Design eine wichtige Rolle.

Künftig werden Tiere und Maschinen noch häufiger aufeinandertreffen – auf Straßen und Plätzen, in Städten, in Haushalten, in Gärten, auf Feldern und in Wäldern. Die Herausforderung besteht darin, diese Begegnungen so zu gestalten, dass sie weder Gefahr noch Belastung bedeuten, sondern im besten Falle zu neuen, allseits verträglichen Formen der Koexistenz, der Koordination, der Kooperation und der Kollaboration führen. Denkbar sind Szenarien, in denen Tiere von Maschinen versorgt und beschützt werden oder in denen diese zum reibungslosen Miteinander in urbanen Lebensräumen beitragen. Die Tier-Maschine-Interaktion ist ein Schlüsselthema für eine Technik, die sowohl menschenzentriert als auch tierzentriert und artgerecht ist. Sie markiert einen Paradigmenwechsel, der die Weise, wie wir Maschinen denken und gestalten, nachhaltig verändern kann, unter Berücksichtigung der Interessen von Menschen und Tieren. Die TMI ist damit nicht nur ein interessantes Forschungsfeld, sondern ein Leitbild für eine neue Generation verantwortungsvoller Technik.

Was Sie aus diesem *essential* mitnehmen können

- Begriffsklärung und wissenschaftliche Einordnung der Tier-Maschine-Interaktion, einschließlich der Abgrenzung zur Tier-Computer-Interaktion (TCI) und zur Mensch-Maschine-Interaktion (MMI)
- Darstellung zentraler Prototypen und Produkte, darunter tierfreundliche Systeme und Maschinen sowie soziale Roboter
- Analyse der wirtschaftlichen Bedeutung der TMI, etwa im Hinblick auf Schadensvermeidung, Wertschöpfung und neue Märkte
- Übersicht zu Perspektiven und Verfahren der Umsetzung, mit besonderem Augenmerk auf Maschinenethik, Ethics by Design und Animal-Centered Design
- Zusammenfassung mit Ausblick, die künftige Forschungsrichtungen, politische Implikationen und praktische Anwendungen beleuchtet

© Der/die Herausgeber bzw. der/die Autor(en), exklusiv lizenziert an
Springer Fachmedien Wiesbaden GmbH, ein Teil von Springer Nature 2026
O. Bendel, *Tier-Maschine-Interaktion*, essentials,
https://doi.org/10.1007/978-3-658-50921-7

Literatur

Abdai, J., Miklósi, A. (2024): An Introduction to Ethorobotics: Robotics and the Study of Animal Behaviour. Routledge, London.

Allan, J., Orosz, A. (2001): The costs of bird strikes to commercial aviation. In: Proceedings of Bird Strike.

Nieusma, D. (2021): Into the Wild: Opportunities and Challenges for Animal-Computer Interaction in Wildlife Conservation. In: Proceedings of the Eight International Conference on Animal-Computer Interaction (S. 1–7).

Bateman, S., Gayon, J., Allouche, S. et al. (Hrsg.) (2015): Inquiring into Animal Enhancement: Model or Countermodel of Human Enhancement. Palgrave Macmillan, Basingstoke.

Bendel, O. (2013a): Considerations about the relationship between animal and machine ethics. AI & SOCIETY, Dezember 2013 (Online first). https://link.springer.com/article/10.1007/s00146-013-0526-3.

Bendel, O. (2013b): Ich bremse auch für Tiere: Überlegungen zu einfachen moralischen Maschinen. inside-it.ch, 4. Dezember 2013. https://www.inside-it.ch/post/ich-bremse-auch-fuer-tiere-20131204.

Bendel, O. (2014a): Advanced Driver Assistance Systems and Animals. Künstliche Intelligenz, 28(4), S. 263–269.

Bendel, O. (2014b): Fahrerassistenzsysteme aus ethischer Sicht. Zeitschrift für Verkehrssicherheit, (2), S. 108–110.

Bendel, O. (2014c): Tierethik. In: Gabler Wirtschaftslexikon. Springer Gabler, Wiesbaden. https://wirtschaftslexikon.gabler.de/definition/tierethik-54000.

Bendel, O. (2014d): Towards Machine Ethics. In: Michalek, T.; Hebáková, L.; Hennen, L. et al. (Hrsg.). Technology Assessment and Policy Areas of Great Transitions. 1st PACITA Project Conference, March 13 – 15, 2013. Prague 2014. S. 321–326.

Bendel, O. (2015a): Einfache moralische Maschinen: Vom Design zur Konzeption. In: Barton, T., Erdlenbruch, B., Herrmann, F. et al. (Hrsg.): Prozesse, Technologie, Anwendungen, Systeme und Management 2015. Tagungsband zur 28. AKWI-Jahrestagung, 06.–09.09.2015, Hochschule Luzern – Wirtschaft. mana-Buch, Heide, S. 171–180.

© Der/die Herausgeber bzw. der/die Autor(en), exklusiv lizenziert an Springer Fachmedien Wiesbaden GmbH, ein Teil von Springer Nature 2026
O. Bendel, *Tier-Maschine-Interaktion*, essentials,
https://doi.org/10.1007/978-3-658-50921-7

Bendel, O. (2015b): Überlegungen zur Disziplin der Tier-Maschine-Interaktion. In: gbs-schweiz.org, 14. Februar 2015. http://gbs-schweiz.org/blog/ueberlegungen-zur-disziplin-der-tier-maschine-interaktion/.

Bendel, O. (2016a): Annotated Decision Trees for Simple Moral Machines. In: The 2016 AAAI Spring Symposium Series. AAAI Press, Palo Alto. S. 195–201.

Bendel, O. (2016b): Animal Enhancement. In: Gabler Wirtschaftslexikon. Springer Gabler, Wiesbaden. https://wirtschaftslexikon.gabler.de/definition/animal-enhancement-54196.

Bendel, O. (2017): LADYBIRD: the Animal-Friendly Robot Vacuum Cleaner. In: The 2017 AAAI Spring Symposium Series. AAAI Press, Palo Alto, S. 2–6.

Bendel, O. (2018): Towards Animal-friendly Machines. Paladyn, Journal of Behavioral Robotics, 9(1), S. 204–213. https://www.degruyter.com/view/journals/pjbr/9/1/article-p204.xml.

Bendel, O. (2019a): 400 Keywords Informationsethik: Grundwissen aus Computer-, Netz- und Neue-Medien-Ethik sowie Maschinenethik. 2. Aufl. Springer Gabler, Wiesbaden.

Bendel, O. (2019b): Handbuch Maschinenethik. Springer VS, Wiesbaden.

Bendel, O. (2020a): Serviceroboter aus Sicht der Ethik. In: Lindenau, M.; Meier Kressig, M. (Hrsg.). Schöne neue Welt? Zwischen technischen Möglichkeiten und ethischen Herausforderungen. Vadian Lectures Band 6. transcript, Bielefeld. S. 57–76.

Bendel, O. (2020b): Überlegungen zu Bio- und Bodyhacking. In: Reinheimer, S. (Hrsg.). HMD – Praxis der Wirtschaftsinformatik, Jahrgang 57, Heft 3, Juni 2020. S. 480–492.

Bendel, O. (2020c): Soziale Roboter. In: Gabler Wirtschaftslexikon. Springer Gabler, Wiesbaden. https://wirtschaftslexikon.gabler.de/definition/soziale-roboter-122268.

Bendel, O. (2021a): 300 Keywords Soziale Robotik: Soziale Roboter aus technischer, wirtschaftlicher und ethischer Perspektive. Springer Gabler, Wiesbaden.

Bendel, O. (Hrsg.) (2021b): Soziale Roboter: Technikwissenschaftliche, wirtschaftswissenschaftliche, philosophische, psychologische und soziologische Grundlagen. Springer Gabler, Wiesbaden.

Bendel, O. (2022): Passive, Active, and Proactive Systems and Machines for the Protection and Preservation of Animals and Animal Species. Frontiers of Animal Science, 3:834634. https://doi.org/10.3389/fanim.2022.834634. https://www.frontiersin.org/articles/10.3389/fanim.2022.834634/full.

Bendel, O. (2024): Tier-Maschine-Interaktion. In: Gabler Wirtschaftslexikon. Springer Gabler, Wiesbaden. https://wirtschaftslexikon.gabler.de/definition/tier-maschine-interaktion-126213.

Bendel, O. (2025a): An Investigation into the Encounter Between Social Robots and Animals. In: Berne, R. W. (Hrsg.): Animals, Ethics, and Engineering: Intersections and Implications. Jenny Stanford, Singapore, S. 365–391.

Bendel, O. (2025b): Technikphilosophie. In: Gabler Wirtschaftslexikon. Springer Gabler, Wiesbaden. https://wirtschaftslexikon.gabler.de/definition/technikphilosophie-126355.

Bendel, O., Graf, E., Bollier, K. (2021): The HAPPY HEDGEHOG Project. In: Proceedings of the AAAI 2021 Spring Symposium "Machine Learning for Mobile Robot Navigation in the Wild". Stanford University, Stanford (online), 22.–24.03.2021.

Bendel, O., Zbinden, N. (2024): The Animal Whisperer Project: A GenAI App for Decoding Animal Body Language and Behavior. In: Proceedings of ACI2024. Glasgow University, Glasgow, UK. ACM, New York. https://dl.acm.org/doi/proceedings/10.1145/3702336.

Bendel, O., Heimann, M. (2023): The CARE-MOMO Project. In: He, H.; Cavallo, F.; Sorrentino, A.; Fiorini, L.; Rovini, E. (Hrsg.). Social Robotics: 14th International Conference, ICSR 2022, Florence, Italy, December 13–16, 2022. Springer International Publishing, Cham 2023. S. 689–700.

Bendel, O., Yürekkirmaz, A. (2023): A Face Recognition System for Bears: Protection for Animals and Humans in the Alps. In: Ninth International Conference on Animal-Computer Interaction (ACI'22), 05.–08.12.2022, Newcastle-upon-Tyne, UK. ACM, New York. https://dl.acm.org/doi/proceedings/10.1145/3565995.

Bendel, O., Jovic, D. (2025): Im Schlamm ruht sich ein großes Nilpferd aus: Virtuelle Videosafaris für blinde und sehbehinderte Personen. Wiley Industry News, 10. November 2025. https://wileyindustrynews.com/de/fachbeitraege/im-schlamm-ruht-sich-ein-grosses-nilpferd-aus.

Benford, S., Barnard, P., Sharples, S. et al. (2025): Charting the Ecosystem of Trust in Cat Royale. Or what it takes to trust a robot to play with cats. In: Staffa, M., Cabibihan, J.-J., Siciliano, B. et al. (Hrsg.). Social Robotics: 17th International Conference on Social Robotics + AI (ICSR 2025), Naples, Italy September 10–12, 2025. Preprint at Open University. https://oro.open.ac.uk/105563/1/ICSR_2025_CR_Trust_Ecosystem%2019Jun25.pdf.

Bentham, J. (1789): An Introduction to the Principles of Morals and Legislation. Printed for T. Payne and Son at the Mews-Gate, London.

Bitoun, B., Meyer, M. (2025): Nach Stopp bei Just Eat muss auch die Post ihren Test verschieben. Tages-Anzeiger, 5. September 2025. https://www.tagesanzeiger.ch/lieferroboter-rivr-die-post-verschiebt-ihren-pilotversuch-134083114460.

Böhlen, M. (1999): A robot in a cage – exploring interactions between animals and robots. In: Proceedings 1999 IEEE International Symposium on Computational Intelligence in Robotics and Automation (CIRA'99). IEEE, Cat. No. 99EX375.

Bonnet, F., Crot, N., Burnier, D., Mondada, F. (2016): Design methods for miniature underwater soft robots. In: 2016 6th IEEE International Conference on Biomedical Robotics and Biomechatronics (BioRob) (S. 1365–1370). IEEE.

Bosch, J. (2023): Zwei Schülerprojekte aus Baden-Württemberg für KI-Preis nominiert. In: Stuttgarter Nachrichten, 8. November 2023. https://www.stuttgarter-nachrichten.de/inhalt.ki-wettbewerb-in-tuebingen-zwei-schuelerprojekte-aus-baden-wuerttemberg-fuer-ki-preis-nominiert.59513f64-6be4-48e6-9e00-a1f030caf04c.html.

Bundesamt für Justiz (Hrsg.) (2022): Tierschutzgesetz. https://www.gesetze-im-internet.de/tierschg/BJNR012770972.html.

Buxbaum, H.-J. (Hrsg.) (2020): Mensch-Roboter-Kollaboration. Springer Gabler, Wiesbaden.

Byrne, C., Karl, S., Vilker, D., Meller, S., Thompson, B., Webber, S. (2020): Monitoring the welfare of bears in captivity. In: Proceedings of the Seventh International Conference on Animal-Computer Interaction (S. 1–6).

Ferrer, M., Alloing, A., Baumbush, R., Morandini, V. (2022): Significant decline of Griffon Vulture collision mortality in wind farms during 13-year of a selective turbine stopping protocol. Global Ecology and Conservation, 38, e02203.

Figueroa, D. D. (2025): Observation of Animal Responses to an Inorganically Shaped Unmanned Ground Vehicle and a Quadruped Robot (Master's thesis, New Mexico Institute of Mining and Technology).

French, F., Mancini, C., Sharp, H. (2017): Exploring research through design in animal computer interaction. In: Proceedings of the Fourth International Conference on Animal-Computer Interaction (S. 1–12).

Funk, M. (2022): Roboterinteraktionen. In: Funk. M.: Computer und Gesellschaft: Roboter und KI als soziale Herausforderung – Grundlagen der Technikethik Band 3. Springer Vieweg, Wiesbaden. https://doi.org/10.1007/978-3-658-39020-4_2.

Grilo, C., Neves, T., Bates, J. et al. (2025): Global Roadkill Data: a dataset on terrestrial vertebrate mortality caused by collision with vehicles. Sci Data 12, 505 (2025). https://doi.org/10.1038/s41597-024-04207-x.

Gupfinger, R., Kaltenbrunner, M. (2018): Animals Make Music: A Look at Non-Human Musical Expression. Multimodal Technologies and Interaction 2(3):51. https://doi.org/10.3390/mti2030051.

Hagendorff, T., Bossert, L. N., Tse, Y. F., Singer, P. (2023): Speciesist bias in AI: how AI applications perpetuate discrimination and unfair outcomes against animals. AI Ethics 3, S. 717–734. https://doi.org/10.1007/s43681-022-00199-9.

Hagiwara, M., Cusimano, M., Liu, J. Y. (2022): Modeling animal vocalizations through synthesizers. arXiv preprint arXiv:2210.10857.

Halloy, J., Mondada, F., Kernbach, S., Schmickl, T. (2013): Towards Bio-hybrid Systems Made of Social Animals and Robots. In: Lepora, N. F.; Mura, A.; Krapp, H. G.; Verschure, P. F. M. J.; Prescott, T. J. (Hrsg.): Biomimetic and Biohybrid Systems. Living Machines 2013. Lecture Notes in Computer Science, Vol. 8064. Springer, Berlin/Heidelberg. https://doi.org/10.1007/978-3-642-39802-5_42.

Hirskyj-Douglas, I., Pons, P., Read, J. C., Jaen, J. (2018): Seven years after the manifesto: Literature review and research directions for technologies in animal computer interaction. Multimodal Technologies and Interaction, 2(2), 30.

Janssen, M., Hamm, U. (2012): Product labelling in the market for organic food: Consumer preferences and willingness-to-pay for different organic certification logos. Food quality and preference, 25(1), S. 9–22.

Kasuga, H., Ikeda, Y. (2020): The Ideal Care Robot for Dogs vs. Cats Based on an Online Survey. In: Proceedings of the Seventh International Conference on Animal-Computer Interaction (S. 1–6).

Kershenbaum, A. (2024): Why Animals Talk. Penguin Books, London.

Kresnye, K. C., Phelps, A. M., Shih, P. C. (2019): Towards rehabilitation smart habitats: Designing for north american opossum joeys. In: Proceedings of the Sixth International Conference on Animal-Computer Interaction (S. 1–6).

Kubinyi, E., Miklósi, Á., Kaplan, F., Gácsi, M., Topál, J., Csányi, V. (2004): Social behaviour of dogs encountering AIBO, an animal-like robot in a neutral and in a feeding situation. In: Behavioural Processes, 65(3), S. 231–239. https://doi.org/10.1016/j.beproc.2003.10.003.

Kurain, N. S., Poojasree, S., Priyadharrshini, S. (2018): Wildlife vehicle collision avoidance system. SSRG International Journal of Electronics and Communication Engineering (SSRG–IJECE), 5.

Mancini, C. (2011): Animal-computer interaction: A manifesto. In: interactions, 18(4), S. 69–73.

Mancini, C., Hirsch-Matsioulas, O., Metcalfe, D. (2022): Politicising animal-computer interaction: an approach to political engagement with animal-centred design. In: Proceedings of the Ninth International Conference on Animal-Computer Interaction (S. 1–11).

Mancini, C., Nannoni, E. (2023): Editorial: Animal-computer interaction and beyond: The benefits of animal-centered research and design. Front. Vet. Sci. 9:1109994. https://doi.org/10.3389/fvets.2022.1109994.

Mancini, C. (2025): Animal-Centered Technology and Sustainable Development. In: Berne, R. W. (Hrsg.): Animals, Ethics, and Engineering: Intersections and Implications. Jenny Stanford, Singapore, S. 191–224.

Mangat, M., Au Yeung, T., Sharlin, E., Somanath, S. (2019): Exploring the Reactions of Companion Animals as Unintended Users of Social Robots. In: Companion Publication of the 2019 on Designing Interactive Systems Conference 2019 Companion (S. 251–256).

Marnet, P.-G., Velasquez, A. B., Dzidic, A. (2024): Infrared Thermography of Teat in French Dairy Alpine Goats: A Promising Tool to Study Animal–Machine Interaction during Milking but Not to Detect Mastitis. Animals, 14, 882. https://doi.org/10.3390/ani14060882.

Melo, K., Horvat, T., Ijspeert, A. J. et al. (2023): Animal robots in the African wilderness: Lessons learned and outlook for field robotics. Sci. Robot. 8, eadd8662 (2023). https://doi.org/10.1126/scirobotics.add8662.

Misselhorn, C. (2018): Grundfragen der Maschinenethik. Reclam, Ditzingen.

Morovitz, M., Mueller, M., Scheutz, M. (2017): Animal-robot interaction: The role of human likeness on the success of dog-robot interactions. In: Proceedings of the 1st International Workshop on Vocal Interactivity in-and-between Humans, Animals and Robots (VIHAR), London, UK (S. 29–30).

N.N. (2016): Abstract. In: Proceedings of the Third International Conference on Animal-Computer Interaction. Association for Computing Machinery, New York, NY, USA. https://dl.acm.org/doi/proceedings/10.1145/2995257.

Park, C. W., Seon, J. H., Kim, J. H., Kim, J. H. (2017): Pet Care Robot for Playing with Canines. In: Kim, J. H., Karray, F., Jo, J., Sincak, P., Myung, H. (Hrsg.) Robot Intelligence Technology and Applications 4. Advances in Intelligent Systems and Computing, vol 447. Springer, Cham. https://doi.org/10.1007/978-3-319-31293-4_24.

Qin, M., Huang, Y., Stumph, E., Santos, L., Scassellati, B. (2020): Dog Sit! Domestic Dogs (Canis familiaris) Follow a Robot's Sit Commands. In: Companion of the 2020 ACM/IEEE International Conference on Human-Robot Interaction (HRI '20), Cambridge, UK. ACM, New York, S. 16–24. https://doi.org/10.1145/3371382.3380734.

Rohr, S. (2025): The Robodog Project: Bao Meets Pluto. Bachelorarbeit. Hochschule für Wirtschaft FHNW, Olten.

Romano, D., Donati, E., Benelli, G., Stefanini, C. (2019): A review on animal–robot interaction: from bio-hybrid organisms to mixed societies. Biological Cybernetics, 113(3), S. 201–225.

Savage, J., Sanchez-Guzman, R. A., Mayol-Cuevas, W., Arce, L., Hernandez, A., Brier, L., Lopez, G. (2000): Animal-machine interfaces. In: Digest of Papers. Fourth International Symposium on Wearable Computers, S. 191–192. IEEE.

Suzuki, M., Sei, Y., Tahara, Y., Ohsuga, A. (2017): An Observation of Behavioral Changes of Indoor Dogs in Response to Caring Behavior by Humanoid Robots-Can Dogs and Robots Be Companions?. In: International Conference on Agents and Artificial Intelligence (Vol. 2, S. 481–488). SCITEPRESS.

Väätäjä, H., Tapio, S., Häkkilä, J. (2023): Exploring Dogs' Reactions when Encountering Delivery Robots in Urban Environment. In: Proceedings of the 26th International Academic Mindtrek Conference (S. 350–353).

Van Der Linden, D. (2022): Animal-centered design needs dignity: A critical essay on ACI's core concept. In: Proceedings of the Ninth International Conference on Animal-Computer Interaction (S. 1–7).

Vaughan, R. (1998): Experiments in Animal-Interactive Robotics. D. Phil. Thesis, University of Oxford.

WEF (2020): Ethics by Design: An organizational approach to responsible use of technology. Whitepaper. https://www3.weforum.org/docs/WEF_Ethics_by_Design_2020.pdf.

Welz, A. (2025): Birds vs. Wind Turbines: New Research Aims to Prevent Deaths. In: E360, 4. Juni 2025. https://e360.yale.edu/features/wind-turbine-bird-collision-solutions.

Wikelski, M. (2024): The Internet of Animals: Was wir von der Schwarmintelligenz des Lebens lernen können. Piper, München.

Wolf, U. (1990): Das Tier in der Moral. Vittorio Klostermann, Frankfurt am Main.

Wolf, U. (2012): Ethik der Mensch-Tier-Beziehung. Vittorio Klostermann, Frankfurt am Main.